Michael Moll

Rheinland

WANDERN
KULTUR
GENUSS

Droste Verlag

LOS GEHT'S!

01 Die romantische Tour   **6**
Romantischer Weg um den Blauen See ▌12,9 km

LANDHAUS MÖNCHENWERTH   **14**

02 Die besondere Tour   **16**
Planespotting am Düsseldorfer Flughafen ▌13,8 km

03 Die Tour mit der Extraportion Natur   **24**
Vom Rhein durch den Meerbusch ▌12,4 km

JAZZRALLY DÜSSELDORF   **32**

04 Die leckerste Tour   **34**
Geschmackvoll durch den Aaper Wald ▌19,8 km

SCHLOSS MORSBROICH   **42**

05 Die Tour zum Auspowern   **44**
Entlang des Nordkanals bei Neuss ▌20,4 km

06 Die Tour am Wasser   **52**
Wandern am Unterbacher See ▌14,4 km

BAYARENA   **60**

07 Die Tour für Zwischendurch   **62**
Vom Hildener Stadtwald bis zur Hildener Heide ▌7,7 km

08 Die Tour mit Kultur   **70**
Vom Schloss Dyck zur Erftmündung ▌22,5 km

VENDÔME, SCHLOSS BENSBERG   **78**

09 Die Tour für Tierfreunde   **80**
Naturschutz im Rheinbogen ▌19,4 km

10 Die sportliche Tour   **88**
Treideln in Stürzelberg ▌23,9 km

NEPTUNBAD 96

11 Die Langschläfertour 98
Unterwegs in der Wahner Heide | 18,6 km

12 Die Wintertour 106
Burgenwanderung in Erftstadt | 26,8 km

BRAUHAUS ZUR MALZMÜHLE 114

13 Die Tour mit dem Extra 116
Weltkulturerbe in Brühl | 18,7 km

14 Die gemütliche Tour 126
Eine entspannte Runde bei Siegburg | 11,3 km

BEETHOVEN-HAUS 134

15 Die Lieblingstour 136
Naturreich an der Siegmündung | 22,9 km

16 Die Tour für Kurzentschlossene 144
Bei Alfter in den Kottenforst | 20,3 km

INTERNATIONALE BONNER STUMMFILMTAGE 152

17 Die Tour für Birdwatcher 154
Vom Ennert zur Dollendorfer Hardt | 20,4 km

KURFÜRSTLICHES SCHLOSS BONN 164

18 Die Tour für Gipfelstürmer 166
Zu den Gipfeln des Siebengebirges | 25,7 km

GASTHAUS AUF DEM OELBERG 174

19 Die typische Tour 176
Wandern rund um das Annaberger Feld | 22,7 km

20 Die Frühaufstehertour 184
Entlang der Swist am Kottenforst | 20,9 km

Wandern im Rheinland – für alle, die mehr wollen!

Das Rheinland ist so vielfältig wie es groß ist. Zahlreiche Wandertouren und Unternehmungen lassen sich in der Region zwischen Düsseldorf und dem Siebengebirge erleben und nur eine Auswahl hat es daher hier in das Buch schaffen können. Diese ist aber ebenso vielfältig und spricht sowohl den gemütlichen Wanderer an als auch denjenigen, der lieber viele Höhenmeter schaffen möchte.

Im Uedesheimer Rheinbogen und auf der anderen Rheinseite in Himmelgeist wird der Naturliebhaber mit Naturschutzgebieten angesprochen. Bei Kaiserswerth sollte man die Kamera einpacken und zwar nicht nur wegen der Kaiserpfalz, sondern auch, um als technikaffiner Planespotter spannende Aufnahmen zu schaffen. In der Dollendorfer Hardt hingegen sind es nicht die Eisernen Vögel, sondern lebende Eichelhäher, Spechte und Braunkehlchen, die den Wanderweg überfliegen. Auch die Kultur kommt im Rheinland natürlich nicht zu kurz, sondern präsentiert sich bei Brühl direkt mal mit einem Weltkulturerbe der UNESCO. Doch wer sich erst einmal einen Überblick über das Rheinland verschaffen möchte, der begibt sich natürlich nach Königswinter, um die Ausblicke von den Gipfeln des Siebengebirges zu genießen. Ich wünsche viel Wanderfreude und tolle Begegnungen auf den Wanderwegen rechts und links des Rheins!

Ihr Michael Moll

Jetzt downloaden: alle GPS-Daten der Touren

ROMANTISCHER WEG UM DEN BLAUEN SEE

Länge: 12,9 km

Wanderzeit: 3,5 Stunden

Schwierigkeit: leicht

Höhenmeter: 241 m

Start/Ziel: Zum Blauen See 35, 40878 Ratingen
(GPS: 51.306857, 6.857299)
Straße Zum Blauen See, 40878 Ratingen

Parkplätze: Straße Zum Blauen See, 40878 Ratingen

ÖPNV: Bushaltestelle Blauer See, Ratingen

Verpflegung: Restaurant Wasserburg – Haus zum Haus,
Liebevoll! in der Auermühl

Jahreszeit: Sommer

Rundweg

Ausrüstung: ggf. Schwimmsachen

Die romantische Tour

Das „richtig romantische Ratingen" – hier wandert man durch einen wildromantischen Wald und kann sich ganz der Natur widmen.

Dabei wird mit dem Stinkesberg sogar noch ein kleiner Berg erklommen. In der Tat handelt es sich um nur ganz wenige Höhenmeter. Bevor es aber überhaupt losgeht, hat man zu Beginn der Tour die Gelegenheit, das Freizeitgelände Blauer See mit den zahlreichen Angeboten kennenzulernen. Man kann die Naturbühne in romantischer Kulisse besichtigen, aber natürlich auch in eines der Boote steigen, mit denen man vom Wasser des Blauen Sees aus die Landschaft genießen kann. Auch ein Besuch der ehemaligen Textilfabrik Cromford soll auf der Tour nicht fehlen, zu dem das Museum herzlich einlädt. Hier erscheint romantisch, was früher harte Arbeit war. Dann geht es weiter entlang des Angerbachs und durch den Poensgen-Park zur Wasserburg Haus zum Haus. Das mächtige Bauwerk präsentiert sich mit drei Rundtürmen und einem Wassergraben – ein klassisches Bild von Burgromantik. Wem das alles nicht genug ist, der hat zum Schluss der Wanderung noch die Möglichkeit, das schöne Angerbachtal näher kennenzulernen.

ROMANTISCHER WEG UM DEN BLAUEN SEE

BLAUER SEE

Der Blaue See ist rund 100 mal 200 Meter groß, an seiner tiefsten Stelle sind es 10 Meter bis zum Grund. Entstanden ist er als ehemaliger Kalksteinbruch, der mit Grundwasser volllief – gut zu erkennen am steilwandigen Ufer des Sees. Bekannt ist der See als Freizeitstätte und durch die Naturbühne mit über 1200 überdachten Sitzplätzen, auf der klassische Stücke für Kinder gespielt werden.

INDUSTRIEMUSEUM CROM-FORD

Im Jahr 1783 wurde die Textilfabrik Cromford vom Wuppertaler Industriellen Johann Gottfried Brügelmann gegründet und war damit die erste Textilfabrik auf dem europäischen Festland. Benannt wurde der Betrieb nach der mittelenglischen Stadt Cromford, wo Brügelmann zum ersten Mal auf das Vorbild seiner Werksanlage traf. Zehn Jahre nach Eröffnung beschäftigte er bereits 400 Mitarbeiter.

Unsere Wanderung beginnt am Parkplatz vor der Freizeitstätte Blauer See, wo zugleich der **Angerbach** verläuft. Der fast 36 Kilometer lange Fluss entspringt in Velbert, durchquert Wülfrath sowie Heiligenhaus und gestaltet bei Ratingen das Angerbachtal. Wer am Ende der Wanderung noch Energie für ein paar Schritte mehr hat, der kann einen Teil des beliebten Bachtals sogar auf dieser Route durchwandern. Aber dazu später mehr. Zunächst einmal überqueren wir die Bahngleise nördlich des Parkplatzes und staunen über die Freizeitstätte am **BLAUEN SEE,** die sich vor uns erstreckt. Die Angebote richten sich vor allem an Familien und bieten den Kleinsten unter ihnen viel Freude.

Auf einem kurzen Rundweg kann man den See komplett umlaufen und dabei auch die dazugehörige Naturbühne passieren. Auf ihr wurde bereits im Jahr 1949 zum ersten Mal unter freiem Himmel gespielt. Aus dem damaligen Schauspiel Old Surehand gingen die hiesigen Karl-May-Spiele hervor. Heute findet hier überwiegend Kindertheater, wie Räuber Hotzenplotz oder Pippi Langstrumpf, statt.

Wir aber biegen vor der Freizeitstätte Blauer See und nach Überquerung der Gleise der **Angerbachtalbahn** nach links ab. Nur ein kurzes Stück gehen wir parallel zu den Gleisen, bis wir die Unterführung einer Straße erreichen. Unterhalb der Brücke überqueren wir die **Gleise** erneut und wandern auf einem bogenförmigen Pfad unter Baumkronen durch die **Angerbachwiese.** Am Ende überqueren wir den Angerbach, der später in Duisburg-Angerhausen in den Rhein münden wird. Vor einer Häuserfront angekommen, geht es weiter zur Straße Cromforder Allee. Ihr Name weist uns schon auf die nächste Sehenswürdigkeit hin. Wir biegen also vor den Häusern nach links und wenig später wiederum nach rechts ab, um das **LVR-INDUSTRIEMUSEUM DER TEXTILFABRIK CROMFORD** zu erreichen.

Einen sehr schönen Blick auf das stattliche Museum hat man von der Südseite aus, die wir durch den Torbogen erreichen. Dort breitet sich vor dem Gebäude halbkreisförmig ein liebevoll angelegter Garten aus, auf den die Allee des **Brügelmannwegs** geradewegs zuläuft. Nach einem Besuch im Museum und einem Blick auf die Südfront folgen wir der Allee bis zu einer Kreuzung, an der wir nach rechts abbiegen. Durch den bewaldeten und idyllischen **Poensgen-Park** gelangen wir erneut zum **Angerbach.**

Ein letztes Mal überqueren wir den Fluss, wenden uns nach links und wandern geradewegs am Flussufer auf eine aus dem 13. Jahrhundert stammende

RESTAURANT WASSERBURG – HAUS ZUM HAUS
Im Restaurant Haus zum Haus kann man in einer kleinen Gruppe ab sechs Personen an einer Weinprobe teilnehmen oder zu einem mehrgängigen Menü den dazu passenden erlesenen Wein genießen. Wer mit doppelt so vielen Personen unterwegs ist, kann auch bei einem deftigen Rittermahl den mittelalterlichen Burgkeller kennenlernen und sich – ganz historisch – von einem Gaukler unterhalten lassen.

Haus zum Haus
40878 Ratingen
Tel. (0 21 02) 2 25 86
www.wasserburg-ratingen.de

Wasserburg zu. Sie wurde vom damaligen Adelsgeschlecht „vom Haus" erbaut und trägt daher heute den kurios klingenden Namen „Haus zum Haus". Die Burg ist nicht mehr komplett von einem Wassergraben umgeben, gibt aber zusammen mit den drei runden Burgtürmen immer noch ein sehr schönes Bild ab. Heute beherbergt die Vorburg unter anderem ein Kulturzentrum, während in der Hauptburg das **RESTAURANT HAUS ZUM HAUS** untergebracht ist.

Wer seine Schwimmsachen dabeihat, kann im südlich angrenzenden **Angerbad** seine Bahnen unter freiem Himmel ziehen und sich anschließend auf der Liegewiese des Freibades erholen.

Wir bleiben jedoch nördlich der Burg und folgen der Zufahrtsstraße **Junkernbusch** bis zum Parkplatz des Freibades. Dort wenden wir uns nach rechts, überqueren wieder die Gleise der Angerbachtalbahn und biegen gleich dahinter links ab. Entlang der Gleise wandern wir bis zum nächsten Abzweig, wo sich vor uns die **Sportstätten** des Traditions-Fußballvereins Ratingen 04/19 erstrecken. Während wir beim Wandern zu unserer Linken den Spielern beim Training zuschauen können, erreichen wir wenig später weitere Sportanlagen, bei denen die Spieler allerdings keinen Ball in ein Netz, sondern darüber befördern müssen. Gleich hinter den Tennisplätzen biegen wir rechts ab in die Straße **Götschenbeek.** Hinter dem Vereinsheim erweckt ein niedriges Ziegelsteingebäude unsere Aufmerksamkeit. Von außen etwas unscheinbar, ist nicht sofort erkennbar, dass es sich um ein kirchliches Bauwerk handelt: die **Viktoriakapelle,** die 1960 geweiht wurde und als sogenannte Waldkapelle seither zu Gottesdiensten einlädt.

Auf dem Stinkesberg

Wir bleiben auf der Straße am Waldrand und wandern in einem weiten Bogen bis zur Ratinger **Jugendherberge.** Nach Überqueren des dortigen Parkplatzes

biegen wir rechts auf den Waldweg und spazieren den kurvigen Pfad entlang, der uns an einer **T-Kreuzung** zu einer Schutzhütte bringt. Nach einer kurzen Pause biegen wir rechts ab und gelangen nach nur 200 Metern zu einer weiteren Kreuzung. Auch hier biegen wir wieder rechts ab, achten aber auf die beiden Pfade, auf denen wir nach links den Waldweg verlassen können. Wir entscheiden uns für den zweiten Pfad nach rund 60 Metern, um den 95 Meter hohen STINKESBERG zu erklimmen.

Nach Überquerung der abgeflachten Kuppe wenden wir uns nach links, folgen dem Weg durch eine Linkskurve hindurch und biegen gleich an der ersten Möglichkeit scharf nach rechts ab. Auf den ruhigen Waldwegen im sogenannten **Oberbusch** überqueren wir mehrere kleine Bäche wie zum Beispiel den **Hinkesforstgraben,** der den Wald in seiner gesamten Länge durchzieht. An der nächsten Kreuzung biegen wir links ab, folgen dem zunächst geraden Weg, der nach einem kleinen Schlenker zu einer weiteren Kreuzung führt. Hier wenden wir uns nach rechts und gelangen nach rund 700 Metern an eine weitere **Schutzhütte** am quer verlaufenden **Hülsenbergweg.** Dieser zieht sich fast durchgehend schnurgerade durch den malerischen Wald. Wir biegen nach rechts ab. Am Ende des Hülsenbergwegs gelangen wir zu einem Wohnhaus an der **Mülheimer Straße.** Auf der gegenüberliegenden Straßenseite gehen wir auf dem Kalkweg weiter und lassen einen Wanderparkplatz hinter uns.

Der **Kalkweg** bringt uns zu den Bahngleisen der S-Bahnlinie 6, die zwischen Essen und Köln verkehrt und die wir nach wenigen Metern unterqueren können. Hinter der Unterführung biegen wir an der ersten Möglichkeit rechts ab, wandern weiter durch den gut duftenden Wald, überqueren den **Junkernbuschgraben** und gelangen zu einer Kreuzung, an der wir halb rechts weiterwandern. Eine Straßenbrücke wird von uns unterquert, und wir nähern uns wieder den

STINKESBERG

Der Stinkesberg wird gerne als mystischer Ort bezeichnet, was vermutlich mit den zahlreichen und teilweise brutalen Sagen zusammenhängt, die seit dem Dreißigjährigen Krieg entstanden sind. Möglicherweise liegt es aber auch an den sieben Quarzitsteinen, die auf der Kuppe verteilt liegen. So oder so – der kleine Berg, der ursprünglich Kigberg hieß, lockt bis heute Rollenspieler und Esoteriker an.

Bahngleisen an. An der Bahnunterführung halten wir uns geradeaus. Es sei denn, wir wollen unsere Wanderung etwas ausdehnen und zum eingangs erwähnten **Angerbachtal** spazieren.

Mit einem weiten Bogen durch das Tal gelangen wir dann ebenfalls wieder zu unserem Ausgangspunkt zurück. Für diesen Abstecher müssen wir zunächst links abbiegen, dem Waldweg folgen, bis wir zu einem **Friedhof** kommen. Dort zweigt nach links der Hölenderweg ab, über den man Eggerscheid erreicht, wo man rechts in die Straße **Am Obersthof** abbiegt und diese an einer T-Kreuzung wieder nach rechts verlässt. Vor dem **Haus Gräfgenstein** folgt man dem schmalen Pfad durch den Wald bis hinab zum Angerbachtal. Dort biegt man vor den Gleisen rechts ab und läuft am WALDRESTAURANT LIEBEVOLL! vorbei, ganz in der Nähe des Blauen Sees.

Ohne diesen Umweg wandern wir geradeaus an den Bahngleisen entlang bis zum **Hölenderweg,** wo wir auf die Wanderer aus dem Angerbachtal treffen. Wir überqueren rechts die Bahntrasse und erreichen über die Straße **Berger Schule** unseren Ausgangspunkt, die **Freizeitstätte Blauer See.** ■

**LIEBEVOLL!
IN DER AUERMÜHLE**

Auermühle 1
40882 Ratingen
Tel. (0 21 02) 89 29 80,
www.liebevoll.de

LANDHAUS MÖNCHENWERTH
Niederlöricker Straße 56
40667 Meerbusch-Büderich
Tel. (0 21 32) 7 79 31
www.moenchenwerth.de

In perfekter Lage, direkt am Rhein in Meerbusch, liegt das Landhaus Mönchenwerth – ein Standort des guten Geschmacks. Das Landhaus wurde 1694 von Mönchen errichtet und steht heute unter Denkmalschutz. Drinnen im stilvollen Gastraum oder draußen unter Platanen lässt es sich in unmittelbarer Nähe zum Wasser ausgezeichnet sitzen. Nur wenige Fahrminuten vom Düsseldorfer Zentrum entfernt, ist es hier abseits des Städtetrubels idyllisch ruhig.

Küchenchef Guy de Vries nimmt seine Gäste mit auf eine Reise in die Welt der französischen, mediterranen und modernen Küche. Schon über 15 Jahre leitet der gebürtige Franzose die Küche im Landhaus Mönchenwerth. Sein Handwerk lernte er im Elsass, bevor er mit seiner avantgardistischen Küche nach Düsseldorf kam. De Vries ist überregional bekannt für seine Experimente und außergewöhnlichen Kreationen – stets auf der Suche nach neuen Gaumenfreuden verbindet er Traditionelles mit modernen Einflüssen. Klassischer Gänsebraten, Hummermedaillons mit Avocadotartar, französische Zwiebelsuppe und Kürbis-Consommé stehen ebenso auf der exklusiven Speisekarte wie Gerichte aus der Molekularküche. Dafür verwenden de Vries und sein Team ausschließlich qualitativ hochwertige Produkte, die frisch zubereitet werden, und viele regionale Zutaten. Auch die Weinkarte ist außergewöhnlich vielfältig und verspricht zu jedem Essen den passenden Wein. Ob Reben aus dem Rheingau, der Toskana oder von der Loire – hier findet jeder Weinschmecker seinen Favoriten.

Damals noch ein Kloster, ist Mönchenwerth heute eine Top-Adresse für kulinarische Köstlichkeiten im Rheinland.

Daneben bietet das Landhaus auch zahlreiche Angebote für Veranstaltungen, Tagungen und Hochzeiten an.

Wer also ein einzigartiges Event plant oder in einem schicken Ambiente mit bestem Service kulinarische Highlights erleben möchte, ist im Landhaus Mönchenwerth genau richtig.

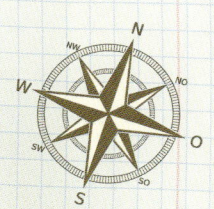

PLANESPOTTING AM DÜSSELDORFER FLUGHAFEN

Länge: 13,8 km

Wanderzeit: 5 Stunden

Schwierigkeit: mittel

Höhenmeter: 99 m

Start/Ziel: An Sankt Swidbert, 40489 Düsseldorf (GPS: 51.296508, 6.735466)

Parkplätze: An Sankt Swidbert, 40489 Düsseldorf

ÖPNV: Bushaltestelle Kaiserpfalz, Düsseldorf

Verpflegung: Galerie Burghof

Jahreszeit: Sommer

Rundweg

Ausrüstung: Sonnenhut, Fernglas, Kamera

Die besondere Tour

Eine Wanderung entlang eines Flughafens, das ist eine Besonderheit, keine Frage. Man muss es mögen!

Normalerweise wünscht man sich auf einer Wanderung den ornithologischen Blick und ist begierig, neue Vogelarten zu entdecken. Keine Sorge, dies gelingt uns auf dieser Wanderung sicherlich auch. Nicht umsonst verläuft die Tour am Suitbertussee, Fliednersee und Lambertussee vorbei. Auch an einem Baggersee und in den Rheinauen können wir einige Vogelarten entdecken. Doch zwischendurch gibt es eben auch einen freien Blick auf die stählernen Vögel, die scheinbar sanft auf den Landebahnen des Düsseldorfer Flughafens einschweben. Wer sich für Flugzeuge interessiert, kann diesen besonderen Blick ausgiebig genießen und mit der Kamera als Planespotter einfangen. Und damit es etwas ganz Besonderes wird, sollte man vor der Wanderung einen Blick auf die Flugzeiten im Internet werfen. Vielleicht passt es ja, dass man einen Blick auf einen landenden Airbus A380 erhaschen kann. Dieser Flugzeugtyp ist zwar mittlerweile keine Seltenheit mehr, aber er stiehlt anderen Flugzeugen immer noch durch Größe und Besonderheit die Show. Viel Spaß bei der Wanderung zwischen Natur und Technik!

PLANESPOTTING AM DÜSSELDORFER FLUGHAFEN

Die meisten anderen Ausflügler, die mit uns den Parkplatz oder die **Haltestelle Kaiserpfalz** verlassen, begeben sich auf direktem Weg in Richtung Kaiserswerth. Wir hingegen werden die Ruine der Pfalz, das kleine Zentrum von Düsseldorf-Kaiserswerth, und damit auch den Rhein erst am Ende des Tages zu sehen bekommen. Wir beginnen unsere Wanderung am **Kreisverkehr** und folgen der **Kittelbachstraße,** bis wir nach rund 220 Metern die Gleise der **Stadtbahnlinie U79** überqueren. Die U79 legt zwischen Düsseldorf und Duisburg 41 Kilometer zurück und hält an 50 Haltestellen. Damit ist sie Spitzenreiter im Düsseldorfer Liniennetz.

Auf der anderen Seite halten wir uns weiterhin geradeaus und überqueren wenig später eine ruhige Kreuzung, hinter der wir in die schmale **Sackgasse** hineingehen. Es bleiben nur noch wenige Häuser, an denen wir vorbeikommen und den besiedelten Bereich damit verlassen. Unser Wanderweg mündet im Grünen, und gleich auf der rechten Seite sehen wir den schmalen Lauf des **Kittelbachs**. Als Nebenarm der Nördlichen Düssel fließt er unter dem Gelände des Düsseldorfer Flughafens, ehe er in den Rhein mündet. Streng genommen überquert jedes startende und landende Flugzeug somit den Kittelbach. Wir folgen dem Ufer bis zu einer T-Kreuzung, wenden uns nach links und passieren Suitbertus-, Fliedner- und Lambertus-See, die der Reihe nach in unser Blickfeld kommen. Einst beliebte Bade- und Anglergewässer, sind sie heute aufgrund von Chemikalienverseuchung leider gesperrt. Hinter dem Lambertussee steigt unser Weg leicht an, auf dem wir zur Edmund-Bertrams-Straße gelangen, auf der wir uns nach rechts wenden. Nach Überquerung der Bundesstraße 8 halten wir uns geradeaus und sehen, wie sich vor uns das gewaltige Gelände des DÜSSELDORFER FLUGHAFENS erstreckt.

Zu unserer Linken erkennen wir einen rot-weißen Turm, während wir bis zur Umzäunung des Flughafenareals gelangen. **PLANESPOTTER** haben an diesem Ort ihre Freude, denn zu sehen sind die beiden Start- und Landebahnen in ihrer vollen Pracht.

Fernweh inklusive

Die uns am nächsten gelegene Startbahn heißt 05L/23R und ist 2,7 Kilometer lang. Dahinter, also näher am Terminal, folgt die Landebahn mit der Kennung 05R/23L, die genau 3000 Meter lang ist. Beide Bahnen sind 45 Meter breit. Deutlich zu sehen sind natürlich auch die Terminals in der Ferne und

Schwarzbach

Duisburger Landstraße

8

Gerichtsschreiberweg

Rhein

Kalkumer Schloßallee

Kalkum

Schwarzbach

An der Reith

8n

2

3

Kaiserswerth

H

P

4

Niederrheinstraße

Suitbertus-See

Fliedner-see

Lambertus-See

Lohausen

1

Kittelbach

der Tower, der mit seinen 87 Metern Höhe der höchste in Deutschland ist.

Vor dem Flugfeld wenden wir uns nach links und folgen dem schnurgeraden Weg am Zaun entlang. Dabei passieren wir die Wache Nord der **Flughafen- feuerwehr,** eine **Wetterstation** und das Gebäude des **Jagdaufsehers.**

Denn bei aller Tierliebe muss man natürlich berücksichtigen, dass Vogelschlag bei Flugzeugen zu fürchterlichen Katastrophen führen kann. Daher müssen die Tiere auf dem Gelände des Flughafens aus Sicherheitsgründen vergrämt werden.

Bei der Wanderung entlang des Flughafens liegt ein wenig der Geruch des Kerosins in der Luft, jedoch die Lärmbelästigung selbst ist nur gering, da die Flugzeuge parallel zu uns landen und starten und die Turbinen nur bei den langsamen Einparkmanövern gelegentlich in unsere Richtung gedreht sind.

Nach einiger Zeit befinden wir uns in etwa auf gleicher Höhe wie die Enden der Landebahnen, hier wenden wir uns nach links, um dem Flughafen den Rücken zuzudrehen. Gleichzeitig überqueren wir den in Mettmann entspringenden **Schwarzbach,** der nach etwas über 27 Kilometern in den Rhein mündet. Zu seiner Quelle gelangen wir später noch. Wer technikinteressiert ist und von den Flugzeugen noch nicht genug hat, der kann hinter dem Schwarzbach abbiegen und nach einer rund 15-minütigen Waldwanderung den **Tiefenbroicher Weg** erreichen. Dort steht man direkt unter den einfliegenden Maschinen, die donnernd über die Köpfe hinwegfliegen und auf der südlichen Landebahn ankommen.

Wir wandern auf einem befestigten Weg durch den Wald und überqueren nach einiger Zeit vorsichtig die Kalkumer Schlossallee. Auf der Straße **An der Reith** laufen wir geradeaus durch den Wald, verlassen diese aber nach wenigen Augenblicken halb links, um parallel zur Straße auf einem etwas schöneren Waldweg

KIRCHE SUITBERTUS

Basilica minor ist ein Ehrentitel, der vom Papst an eine Kirche vergeben werden kann. In Deutschland wurden nur 80 Gotteshäuser mit dem Titel geehrt, eines davon ist die spätromanische St.-Suitbertus-Kirche aus dem 11. Jahrhundert. Mit den Reliquien des heiligen Suitbert im reich verzierten Suitbertus-schrein ist sie außerdem Wallfahrtskirche.

KAISERPFALZ KAISERS-WERTH

Die Geschichte der Pfalz begann, als der Mönch Suitbertus in der Nähe ein Kloster gründete. Auch wenn die Kaiserpfalz seit dem 18. Jahrhundert eine Ruine ist, so ist noch heute ihre stattliche Größe gut zu erkennen. Mit einer Höhe von 14 Metern und einer Länge von 50 Metern erstreckt sich die Westseite der Anlage zum Rheinufer.

zu wandern. Beide Wege treffen sich am Ende des Waldes wieder. Wir gehen zwischen Feldern geradeaus, überqueren eine Kreuzung und wandern kurz darauf am Ufer eines idyllischen Baggersees entlang. Am Ende des Sees folgt ein schmaler Pfad zu unserer Rechten, den wir gerne benutzen, um die Wanderung am Seeufer fortzuführen. Auf dem kurvigen Weg gelangen wir zu einer **T-Kreuzung,** die durch einen Hochspannungsmast unverwechselbar ist, biegen an dieser rechts ab und erreichen das nördliche Seeufer. Noch vor den Wohnhäusern, die auf der linken Seite auftauchen, biegen wir links auf einen weiteren Feldweg ab und wandern geradewegs zur **Angermunder Straße.** Wir überqueren sie und wandern nach links. Für einige Zeit bleiben wir parallel zur Straße auf dem Rad- und Fußweg, überqueren die **Bundesstraße 8n** sowie die folgende Zufahrt und verlassen die Straße in einer Linkskurve.

Zurück zum Rhein

Wir nehmen scharf rechts den **Rahmer Kirchweg** und folgen diesem in einem weiten Bogen durch die Felder bis zu einer **Gabelung** an einem kleinen Wäldchen. Hier halten wir uns halb rechts und bleiben auf einem schmalen Pfad, der geradeaus führt. Nach einiger Zeit überqueren wir wieder die Gleise der Stadtbahnlinie U79. Gleichzeitig erreichen wir ein Wohnviertel und wandern geradeaus hindurch. Darauf überqueren wir die **Duisburger Landstraße,** um wenig später am Ende des **Franz-Vaahsen-Wegs** rechts in die **Bockumer Straße** abzubiegen. Diese verlassen wir gleich an der ersten Möglichkeit nach links und gelangen durch die **Kalkstraße** zur romanischen **St. Remigiuskirche,** die im 13. Jahrhundert errichtet wurde. An der Kirche vorbei gelangen wir zum Rheinuferweg, auf den wir rechts abbiegen. Nach rund 250 Metern mündet von links der Leinpfad in unseren Weg, dem wir fortan in Richtung Süden und am

Rheinufer folgen. Gleich zu Beginn überqueren wir auf einer kleinen Brücke die bereits erwähnte Mündung des Schwarzbaches und genießen die Wanderung durch die **Rheinauen,** bis wir die ersten Häuser von Kaiserswerth erreichen. Am **Kaiserswerther Markt** können wir links abbiegen, um in das Zentrum zu gelangen. Ansonsten wandern wir geradeaus zur KIRCHE SUITBERTUS und zur RUINE DER KAISERPFALZ, die sich direkt am Rheinufer erhebt.

Hinter der Pfalz können wir uns im BIERGARTEN DER GALERIE BURGHOF mit Blick auf den Rhein entspannen und gelangen später über die Straße **An St. Swidbert** wieder zum **Kreisverkehr,** unserem Ausgangspunkt, zurück. ▪

GALERIE BURGHOF

Burgallee 1
40489 Düsseldorf
Tel. (02 11) 40 14 23
www.galerie-burghof.de

VOM RHEIN DURCH DEN MEERBUSCH

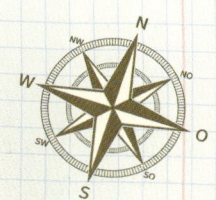

Länge: 12,4 km

Wanderzeit: 3,5 Stunden

Schwierigkeit: leicht

Höhenmeter: 92 m

Start/Ziel: Moerser Straße 130 a, 40667 Meerbusch (GPS: 51.261916, 6.676816)

Parkplätze: Parkstreifen in der Hindenburgstraße, 40667 Meerbusch

ÖPNV: U-Bahnhaltestelle Forsthaus

Verpflegung: Restaurant Haus Meer

Jahreszeit: Sommer

Rundweg

Ausrüstung: Sonnenhut

Die Tour mit der Extraportion Natur

Meerbusch – schon alleine der Name der Ortschaft, in der wir wandern, verspricht zumindest phonetisch ein Mehr an Natur.

Auch die Namen der Straßen, auf denen wir kurzzeitig unterwegs sein werden, klingen vielversprechend: Forsthausweg, Buschstraße, Forstweg. Doch viel natürlicher wird es abseits dieser Straßen und außerhalb der dazugehörigen Wohngebiete. Beinahe die gesamte erste Hälfte der Wanderung spielt sich im Landschaftsschutzgebiet Ilvericher Altrheinschlinge ab. Dort, wo der Rhein einstmals seinen Weg fand, sind nun wir zwischen Feldern unterwegs und blicken für ein kurzes Stück auf das Wasser des Stroms hinab. Wir treffen auf stille Gewässer wie das sogenannte Dammloch und den Quelltopf sowie auf kleine Fließgewässer wie den Strempe- und Mühlenbach. Der Meerbuscher Wald prägt die zweite Hälfte unserer Wanderung und bietet uns mit seinem dichten Blätterwerk einen kühlenden Schatten, den uns die Ilvericher Altrheinschlinge vorenthält. Natur pur am Niederrhein!

VOM RHEIN DURCH DEN MEERBUSCH

Die **Haltestelle Forsthaus** im Rücken wenden wir uns nach rechts und wandern ein kurzes Stück die Moerser Straße entlang. Zu unserer Rechten sehen wir die Gleise der sogenannten **K-Bahn.** Umgangssprachlich ist damit die Stadtbahn-Strecke von Düsseldorf über Meerbusch nach Krefeld gemeint. Das K bezeichnet damit das Ziel der Reise. Auf der Bahnstrecke verkehren heute die Linien U 74 und U 76 der Düsseldorfer Rheinbahn, die im Stadtgebiet der Landeshauptstadt unterirdisch verkehren. Fertiggestellt wurde die Bahnstrecke bereits im Jahr 1898. Doch genug an Infos für die Eisenbahnromantiker. Gleich hinter der Haltestelle biegen wir rechts ab und wandern durch den **Forsthausweg** mit seinen stattlichen Villen und den grünen Vorgärten. Nach kurzer Zeit gelangen wir zu einem Schild, mit dem auf das Naturdenkmal ILVE-RICHER ALTRHEINSCHLINGE hingewiesen wird.

Auf einem schmalen Asphaltweg wandern wir ein kurzes Stück bergauf und in das Naturschutzgebiet hinein. Dabei gelangen wir auf einen Damm zwischen den Feldern und können zu unserer Rechten den Blick über die weite Landschaft streifen lassen. Der Meerbuscher Ortsteil Brühl zeichnet sich am Horizont ab und ein leises Surren liegt in der Luft. Auf dem nahe gelegenen Modellflugplatz lassen die Luftsportfreunde vom Tura Büderich e.V. Modellflieger starten und legen mit ihren ferngesteuerten Flugzeugen sehenswerte Kunstflüge hin.

Neben dem Damm wandern wir in geringer Entfernung parallel zum Rhein und in nördliche Richtung, also flussabwärts. Doch nicht nur Deutschlands größter Strom fällt uns ins Auge, sondern auch ein kleines Wäldchen rechts des Weges. Dort sehen wir das DAMMLOCH, umgangssprachlich auch einfach als **Meerbuscher Tümpel** bezeichnet.

Vor uns ist die nahe gelegene Autobahnbrücke der A 44 nicht zu übersehen. Besonders auffällig sind die

ILVERICHER ALTRHEIN-SCHLINGE

Bis vor ungefähr 3000 Jahren floss hier noch ein Nebenarm des Rheins, der jedoch nach und nach verlandete und sich zur heutigen Auenlandschaft entwickelte. Nährstoffreiche Gewässer und Sümpfe sowie alte Auwald-Reste machen die Ilvericher Altrheinschlinge zu einem geeigneten Brut- und Rastgebiet für zahlreiche, teils seltene Vogelarten, wie zum Beispiel für den Kiebitz.

DAMMLOCH

Das Dammloch hat einen Durchmesser von rund 50 Metern und besteht aus einem sogenannten Kolk, also einer wassergefüllten Vertiefung. Entstanden ist es durch einen Schleusen- und Deichbruch im Januar 1920, bei dem die Auskolkung geschaffen wurde und flutete. Heute wachsen hier interessante Pflanzen wie die Teichlinse oder das Rauhe Hornblatt und gelegentlich kann man den Eisvogel sehen.

Pfeiler, die wie zwei auf dem Kopf stehende Dreiecke aussehen. Eigentlich hätte eine solche Schrägseilbrücke deutlich höhere Pylone benötigt, was wegen des nahen Flughafens aus Gründen der Luftverkehrssicherheit aber nicht möglich war. So entschied man sich beim Bau der im Jahr 2002 fertiggestellten Autobahnbrücke für diese Bauweise.

Wir wenden uns am Dammloch nach links und lassen den Rhein auf seinem Weg zur Nordsee zurück. Auf dem **Kreuz-Wildweg** überqueren wir nach kurzer Zeit den **Mühlenbach,** dem wir später noch einmal begegnen werden. Doch zunächst bleiben wir geradeaus und wandern zügig am Klärwerk Düssel-

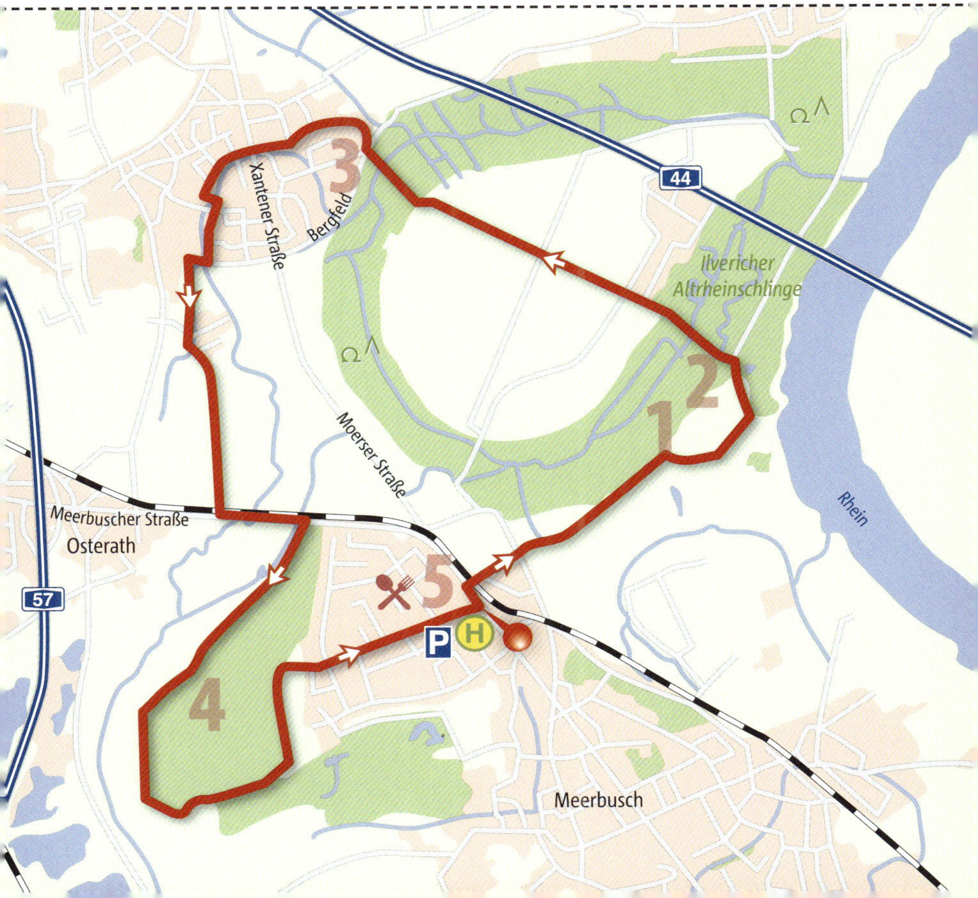

**QUELLTOPF AM
STRÜMPER BERG**
Eine Besonderheit am Niederrhein ist die Quellschüttung vom
Quelltopf am Strümper Berg. Sie
liegt bei etwas über drei Litern
pro Sekunde, was als enorm viel
gilt. Der Quelltopf bringt es dabei auf eine Größe von 2,5 mal
4 Metern, doch festen Unter-
grund gibt es erst in einer Tiefe
von 2 bis 3 Metern. Die Schicht
darüber besteht nur aus instabi-
lem Sand, in den man einsinken
kann.

dorf-Nord vorbei, um gleich im Anschluss zwischen
den Feldern den freien Ausblick genießen zu können.
Wir überqueren eine Kreuzung, und am Ende des
Feldes schwenkt der Weg kurz nach links, wo unser
asphaltierter Weg eine **Allee** bildet. Kurz vor ihrem
Ende finden wir auf der linken Seite den QUELLTOPF AM
STRÜMPER BERG.

Zugegeben, die Bezeichnung „Berg" scheint hier
übertrieben, doch der Quelltopf ist einen Blick wert.
Vorausgesetzt, man kann ihn sehen, denn im Sommer ist das Wasser mit Brunnenkresse und Wasser-
linse meist sehr zugewachsen. Im Frühjahr kann man
aber nicht nur die Wasseroberfläche des kleinen
Teichs erkennen, sondern auch, dass so manche Gas-
blase, die durch Zersetzungsprozesse entstehen, an
die Oberfläche blubbert. Mit dem Quelltopf und dem
dazugehörigen **Kringsgraben** befinden wir uns am
Rande der **Ilvericher Altrheinschlinge,** die hier auch als
Strümper Bruch bezeichnet wird.

Mittelpunkt der Stadt

Kurz hinter dem Quelltopf verlassen wir das Naturschutzgebiet und überqueren die Straße **Bergfeld.**
Halb rechts sehen wir die Straße **Strümper Berg,** in die
wir nach links hineinbiegen. Wir durchqueren das
ruhige Wohnviertel in einem weiten Bogen. Der Name Strümp leitet sich wahrscheinlich vom Strempebach ab, der hier in der Nähe entspringt. Ursprünglich war Strümp als Ort eigenständig, doch heute
bildet es zusammen mit sieben weiteren Ortsteilen
die Stadt Meerbusch. Strümp ist dabei das geografi-
sche Zentrum des Ortes. Am Ende der Straße erreichen wir eine **Gabelung,** an der wir uns nach rechts
wenden und auf der Straße **Auf der Gath** weiterwandern. Nach fast 200 Metern überqueren wir eine Ampelkreuzung und wandern geradeaus in die **Buschstraße.** Während sich zu unserer Rechten weiterhin
gepflegte Wohnhäuser erheben, haben wir zu unse-

rer Linken eine kleine Grünanlage. Anstatt dem Weg geradeaus zu dem bereits sichtbaren Wald hinter einem Bolzplatz zu folgen, achten wir auf der rechten Seite auf die Straßeneinmündungen. Hinter dem Haus Nummer 48 a beginnt die **Amandusstraße.** Sie ist unser Zeichen, nach links auf den kleinen Weg in die **Grünanlage** einzubiegen. Auf einer kleinen Brücke überqueren wir den bereits erwähnten Strempebach und biegen gleich dahinter nach rechts ab. An einem Spielplatz vorbei, wandern wir nach wenigen Schritten an einem Wald entlang. Am Ende stoßen wir auf die **Forststraße,** biegen nach rechts ab und gelangen wieder zur **Buschstraße,** der wir nach links durch ein weiteres Wohngebiet folgen. Auf dem leicht kurvigen Weg verlassen wir Strümp und finden uns schon bald auf einem landwirtschaftlichen Nutzweg wieder. Rechts ist unser Blick über ein Feld frei, während wir zu unserer Linken die kühle Luft aus dem angrenzenden Wald verspüren. Rund 600 Meter genießen wir die Wanderung am Waldrand, bis wir zur **Meerbuscher Straße** gelangen. Hier überqueren wir zunächst **Bahngleise** der eingangs erwähnten K-Bahn und die Straße, bevor wir uns auf der anderen Straßenseite nach links wenden. Nach kurzer Zeit überqueren wir erneut den Strempebach und erreichen einen **Wanderparkplatz.** An diesem überqueren wir nun auch den **Mühlenbach,** der uns bereits in der Ilvericher Altrheinschlinge begegnet ist. Zwischen Wanderparkplatz und Mühlenbach wenden wir uns nach rechts, lassen die Meerbuscher Straße hinter uns und wandern in den MEERBUSCHER WALD hinein.

Durch das beliebte Naturschutzgebiet gehen wir geradeaus unter dichten Baumkronen und entscheiden uns an einer Gabelung für den halb rechts abzweigenden Weg. Nach links könnten wir abkürzen und kämen nach kurzer Zeit an unserem Ausgangspunkt heraus. Den Meerbuscher Wald sollte man aber in seiner vollen Größe genießen und so bleiben

MEERBUSCHER WALD
Auch der Meerbuscher Wald ist ein Naturschutzgebiet. Als ebenfalls ehemalige Rheinrinne besitzt er einen hohen Grundwasserstand und damit ganz spezielle Biotope: So ist der Erlenbruchwald ein idealer Lebensraum für Molche und Frösche, und das Altholz des Meerbuschs bietet gute Brutbedingungen für seltene Vogelarten, wie zum Beispiel für die Waldschnepfe. Nach dem Meerer Busch leitet sich übrigens der Ortsname ab.

wir auf unserem Weg bis zu einer Schranke. Ein wurzeliger Weg führt uns in einem Linksbogen nach Osten, wo wir durch das dichte Unterholz die sehr gepflegten Grünflächen des Golfparks Meerbusch erblicken. Genauso entspannt wie die Golfspieler auf dem Green wandern wir weiter durch den Wald und hören nur leise das unverkennbare und kurze Geräusch, wenn ein Golfschläger mit Schwung auf den weißen Ball trifft. Rund 300 Meter wandern wir neben dem Golfplatz entlang, direkt parallel übrigens zu Abschlag Nummer 4. Die Golfer haben also noch einiges vor sich, während sich unsere Wanderung in Meerbusch dem Ende nähert. Mit einer letzten Kurve auf dem Waldweg lassen wir den Golfplatz hinter uns, passieren einen ersten Abzweig und biegen am zweiten nach rechts ab. Mit dem Verlassen des idyllischen Meerbuscher Waldes befinden wir uns am Ende der Hindenburgstraße. Diese ruhige Wohnstraße, die aber ebenfalls ein dichtes Blätterwerk über unseren Köpfen bildet, durchqueren wir geradeaus und gelangen zu unserem Ausgangspunkt, wo wir uns nun zum Abschluss der Wanderung mit einer Einkehr im **RESTAURANT HAUS MEER** verwöhnen können. ■

HAUS MEER

Das Restaurant bezeichnet sich als Enklave in Meerbusch. Kein Wunder, hat es sich doch auf eine französische Landhausküche spezialisiert: Es bietet keinen Käse, sondern Fromage an, und kein Brot, sondern Baguette. Auch die liebevoll eingerichtete Innenausstattung erinnert an ein klassisches Bistro in der Provence. In diesem Sinne: Bon Appétit!

Moerser Straße 129
40667 Meerbusch
Tel. (0 21 32) 7 56 78 88
www.hausmeer.de

JAZZ RALLY DÜSSELDORF

JAZZ RALLY DÜSSELDORF
www.duesseldorfer-
jazzrally.de

Die Jazz Rally in Düsseldorf, in unmittelbarer Rheinnähe, ist das meistbesuchte Jazzfestival in Deutschland. Seit 1993 pilgern begeisterte Musikfans im Frühsommer in die Landeshauptstadt. In den letzten Jahren konnten sich die Veranstalter jährlich über eine Besucherzahl von mehr als 250.000 freuen. Jazz- und andere Musikfans kommen an 4 Tagen musikalisch voll auf ihre Kosten. Kleine und große Konzerte sind über die ganze Innenstadt verteilt und können zum größten Teil alle mit einer Eintrittskarte besucht werden. Die Möglichkeit, mehrere Veranstaltungen an verschiedenen Spielstätten zu Fuß zu erreichen, verleiht dem Festival den typischen „Rally"-Flair.

Der Jazzmusiker Klaus Doldinger, der weit über die Stadtgrenzen hinaus bekannt ist, ist Schirmherr dieser Veranstaltung. Doldinger komponiert unter anderem Songs für den „Tatort" und schrieb Musik für Kinofilme, auch für „Das Boot" (1981). Mit seinem Talent und Wissen über die Jazzszene holt er jedes Jahr aufs Neue begabte Musiker und viele neue Talente auf die Bühnen nach Düsseldorf. Die Bandbreite der 100 exklusiven Konzerte reicht von imposanten Ensembles, über beeindruckende Solisten bis hin zu etablierten Künstlern wie Jan Delay im Jahr 2009. Dabei stehen virtuose Kompositionen genauso auf den Spielplänen wie Neuinterpretationen von bekannten Stücken. Die Jazz Rally bietet jedes Jahr ein außergewöhnliches und vielfältiges Programm an. Neben der Jazzmusik sind auch andere Musikrichtungen wie Blues, Funk oder Soul in einigen Spielstätten vertreten.

Die Düsseldorfer Jazz Rally ist eine Plattform für etablierte Jazzer, aber gleichzeitig auch ein wichtiger Förderer von neuen Talenten. Für den besten Nachwuchsmusiker vergibt die Stiftung Kunst, Kultur und Soziales der Sparda-Bank West zu diesem Anlass den „Jazz Award" an Musiker zwischen 18 und 28 Jahren.

Die Düsseldorfer Jazz Rally: Ein Glanzstück der deutschen Musikszene.

TOUR 04

GESCHMACKVOLL DURCH DEN AAPER WALD

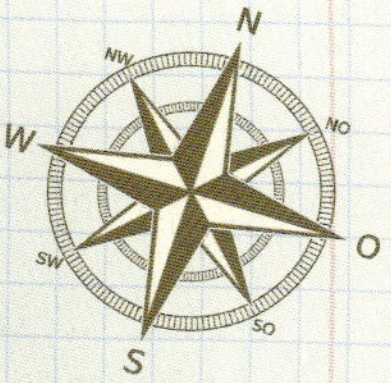

Länge: 19,8 km

Wanderzeit: 6 Stunden

Schwierigkeit: mittel

Höhenmeter: 337 m

Start/Ziel: Rolander Weg 78, 40629 Düsseldorf
(GPS: 51.306857, 6.857299)

Parkplätze: Bauenhäuserweg/Ecke Fahneburgstraße

ÖPNV: Bushaltestelle Rennbahnstraße, Düsseldorf
(verkehrt nur an Renntagen)

Verpflegung: Restaurant El Beso – Zum Trotzkopf,
Reinhardt's Restaurant & Café, Gut Knittkuhle,
Waldgasthof Gut Wolfsaap, Waldrestaurant Bauenhaus

Jahreszeit: Sommer

Rundweg

Ausrüstung: Sonnenhut und Appetit

Die leckerste Tour

Wer wandert, der muss essen. Diese Wanderung bietet zahlreiche Möglichkeiten, sich zu stärken.

Ein Restaurant folgt dem nächsten. Auf Bauernbäckerei folgt Hofladen und auf Gutshof folgt Waldgasthof. Kaum ist man gerade im sogenannten Wander-Flow, schon erscheint der nächste Hinweis zu einer Einkehrmöglichkeit. Diesen zu widerstehen, besonders wenn die Düfte aus den Küchen die Nase erreichen, ist nicht leicht. Deshalb heißt es bei der leckersten Tour in diesem Freizeitführer: Aufgepasst! Wer will schon stolz von einer Wanderung und verlorenen Pfunden berichten und muss dann eingestehen, dass die Waage am Ende der Tour mehr anzeigt als vorher? Aber neben den kulinarischen Köstlichkeiten gibt es rund um den Aaper Wald noch einiges anderes zu sehen. Dazu zählen zum Beispiel die Galopprennbahn und der benachbarte Wildpark genauso wie das Naturschutzgebiet Pillebachtal. Und zu guter Letzt besteht die Möglichkeit, in einem Segelflugzeug mitzufliegen. Auf jeden Fall aber wünschen wir nicht nur eine schöne Wanderung, sondern auch „Guten Appetit".

GESCHMACKVOLL DURCH DEN AAPER WALD

Unsere leckerste Tour fängt schon gut an. Denn direkt an unserem Ausgangspunkt finden wir die erste von zahlreichen Einkehrmöglichkeiten auf unserer Wanderung. Das **RESTAURANT EL BESO – ZUM TROTZKOPF** lockt mit mediterraner Küche und erfordert schon ein wenig Selbstdisziplin, wenn man zunächst einmal wandern möchte, bevor man sich dort den kulinarischen Genüssen hingibt.

Wir aber lassen das Restaurant hinter uns, passieren das gegenüberliegende Hotel Rolandsburg und sehen schon nach wenigen Metern bergauf halb links einen **Abzweig,** der zur **Galopprennbahn** führt. Die beinahe dreieckig geformte Rennbahn wurde im Jahr 1909 eröffnet. Teile der Anlage, wie das Haupttor oder das Waagehaus stehen heute unter Denkmalschutz.

Wir halten uns weiter geradeaus und erreichen wenig später die Zufahrt zum 1927 erstmals angelegten **Wildpark Grafenberger Wald.** Mit einer Fläche von rund 40 Hektar gehört er zu den größten Parkanlagen Düsseldorfs.

Im Park kommen wir an einem Sinnesgarten, einem Kinderspielplatz und einem Feuchtbiotop vorbei, gelangen durch den Wildpark bis zum Gerresheimer Tor, wo wir die Anlage wieder verlassen. Natürlich haben wir zuvor noch die Möglichkeit, links das Raubtiergebäude zu besuchen, um einen Blick auf Wildkatze, Fuchs oder Waschbär zu werfen.

Wir gehen geradeaus und auf dem **Ratinger Weg** nach links. An einer T-Kreuzung befinden wir uns direkt vor der Galopprennbahn. Hier wenden wir uns nach rechts. Zu unserer Linken ziehen die Jockeys mit ihren Pferden bei ihren Trainingsrunden an uns vorüber, zu unserer Rechten befinden sich weitere Abschlagplätze des Golfclubs. An einer Gabelung halten wir uns halb rechts und lassen die Galopprennbahn hinter uns. Beim Abbiegen sehen wir

RESTAURANT EL BESO – ZUM TROTZKOPF

Rennbahnstraße 7 a
40629 Düsseldorf
Tel. (02 11) 62 21 25
www.elbeso-restaurant.de

vor uns noch den bewaldeten **Grafenberg,** einen kleinen Hügel, auf dem sich das aus dem Mittelalter
stammende **Haus Roland** verbirgt. An einer Kreuzung
wenden wir uns nach rechts und überqueren wenig
später am Gut Kleinforst den **Pillebach.**

Wir folgen seinem Lauf nach rechts über den Klei-
neforstweg, bis wir wieder den Ratinger Weg erreichen, an dem wir uns nach links wenden und wenig
später auf der linken Seite den **Bauerngarten Benning-
hofen** erreichen, in dem wir unseren Rucksack mit
frisch Gebackenem und Obst auffüllen können.

Kurz darauf biegen wir links auf die **Bergische Landstraße** ab, verlassen diese aber schon nach wenigen

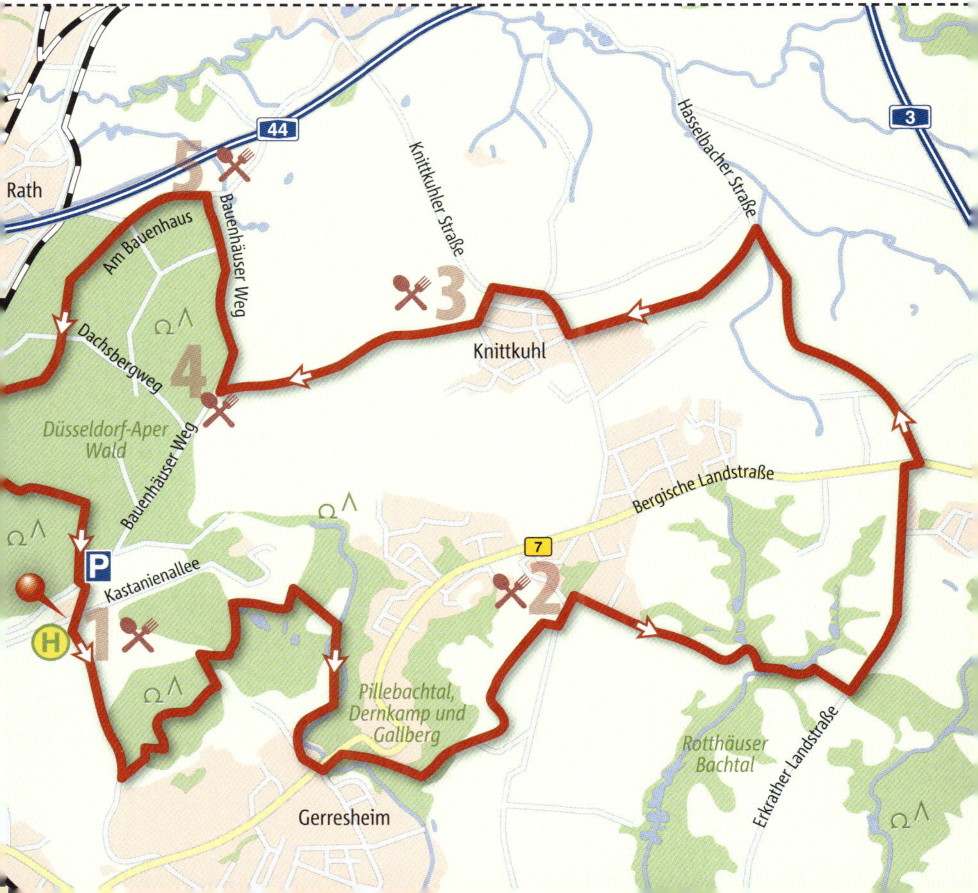

GUT MOSCHENHOF MIT RESTAURANT REINHARDT'S
Man schrieb das Jahr 1896, als man das schwarz-weiße Fachwerkhaus erbaute. Gut Moschenhof ist eine sehr beeindruckende Hofanlage. Zum Hof gehören ein Reitstall inklusive Reitschule, ein Hotel mit stilvollem Ambiente und ein Restaurant, in dem sowohl internationale und regionale Spezialitäten, aber natürlich auch saisonale Speisen kredenzt werden.

Am Gartenkamp 20
40629 Düsseldorf
Telefon (02 11) 30 33 77 47
www.reinhardts-restaurant.de

GUT KNITTKUHLE

Knittkuhler Straße 20
40629 Düsseldorf
Tel. (02 11) 99 48 74 01
www.knittkuhle.de

Metern halb rechts auf den Pfad **Am Dernkamp,** der uns durch eine Grünanlage mit einem Spielplatz führt. Einen Abzweig nach rechts ignorieren wir, halten unser erst am **Dernbuschweg** links und wandern auf einem Schotterweg teilweise leicht bergauf durch den Wald. Wenn wir hinter der Rechtskurve lieber dem Dernbuschweg durch die **Serpentinen** bergan folgen, gelangen wir zum **Trotzhof,** wo man sich vor Ort mit weiteren frischen Lebensmitteln eindecken kann. Leider können wir gar nicht so viel tragen, wie wir kaufen könnten, deswegen bleiben wir im Wald und halten uns an einer Gabelung halb links. Unser Weg verläuft wechselweise zwischen Bäumen und Feldern bis zum **Hexhof,** wo wir auf den **Rotthäuser Weg** treffen und nach links abbiegen. Schon nach hundert Metern zweigt links die Zufahrt zum **Gut Moschenhof** ab, wo das stilvolle **RESTAURANT REINHARDT'S** eine Nouvelle Cuisine und edle Weine auftischt.

Wiesen und Felder

Wenig später biegen wir rechts in die Straße **An Dreilinden** ab, die in den **Sauerweg** übergeht. Diesem folgen wir geradeaus und wandern auf dem schmalen Pfad vor Haus 33 b halb rechts. Es folgen einige Teiche, an denen wir rechts abbiegen und zwischen Feldern zur **Erkrather Landstraße** gelangen. Hier halten wir uns links, müssen ein kurzes Stück direkt an der Straße wandern, haben aber wenig später einen Rad- und Fußweg zur Verfügung. Etwas über einen Kilometer wandern wir parallel zur Straße und stoßen an einer **T-Kreuzung** auf die **Bundesstraße 7,** die wir über eine Mittelinsel überqueren. Auf der rechten Seite sehen wir hinter einem Wohnhaus schon den **Gollenbergsweg,** auf dem wir unsere Wanderung zwischen Feldern fortführen. An einem einzeln stehenden Baum an einer Gabelung mit drei Abzweigen gehen wir links vorbei auf die **Hasselbecker Straße.** Dem kurvigen Landwirtschaftsweg folgend, gelangen wir zu

Bauenhäuser Weg 100
40472 Düsseldorf
Tel. (02 11) 29 50 11
www.waldgasthof-
gutwolfsaap.de

WALDRESTAURANT BAUENHAUS

Das nach Aussage des Inhabers ältesten Gasthaus Düsseldorfs. Hier konnten im frühen 17. Jahrhundert Fuhrleute ihre Pferde wechseln. Außerdem mussten sie eine Maut an die hiesigen Bauern entrichten, die heute natürlich nicht mehr verlangt wird. Hingegen die Spezialitäten der Küche können noch immer – zum Beispiel auf der Terrasse des Hauses – genossen werden.

Ratinger Weg 16
40629 Düsseldorf
Tel. (02 11) 2 80 47 51
www.bauernbaeckerei-
benninghofen.de

einer weiteren Gabelung, an der wir abermals nach links wandern. In ruhiger Landschaft erreichen wir eine **T-Kreuzung,** biegen links ab und passieren das **Gut Cones** auf dem **Conesweg.** Auf fast geradem Weg passieren wir einen Teil der Bergischen Kaserne und erblicken vor uns die Wohnhäuser von **Düsseldorf-Knittkuhl.** An der Ampel biegen wir rechts ab, umrunden auf der Knittkuhler Straße den überschaubaren Stadtteil, der bis 2014 noch zu Düsseldorf-Hubbelrath gehörte und seither einen eigenständigen Ortsteil bildet. Wir kommen zum **GUT KNITTKUHLE,** dem das Viertel seinen Namen zu verdanken hat. Wo man heute im Gut seine Wanderung für eine kleine Einkehr unterbrechen kann, befand sich bereits im 18. Jahrhundert der Hof, bei dem Fuhrleute ihre Pferde wechselten und ebenfalls rasteten.

An der Segelflugwiese

Gegenüber zweigt der **Grütersaaper Weg** ab, dem wir fortan folgen werden. Auf der rechten Seite passieren wir das Gut Grütersaap, während uns links an manchen Tagen der Aero-Klub ins Auge fällt. Die Segelflieger kreisen lautlos über unseren Köpfen. Nach vorheriger Anmeldung sind hier Gastflüge möglich. Während wir also gedanklich über dem Wanderweg schweben, erreichen wir am Ende des Flugplatzes schon die nächste Einkehrmöglichkeit. Im **WALDGASTHOF GUT WOLFSAAP** wartet nicht nur rheinische Küche auf uns, sondern auch täglich frisch gebackener Kuchen.

Vor dem Waldgasthof biegen wir scharf rechts ab und wandern auf dem **Bauenhäuser Weg** durch den idyllischen **Aaper Wald.** An einer T-Kreuzung kommen wir schließlich am **WALDRESTAURANT BAUENHAUS** an.

Davor wenden wir uns nach links und wandern bis zu einer leichten Rechtskurve, wo wir jedoch geradeaus an einer Informationstafel auf dem schmalen **Wilhelm-Suter-Pfad** weiter durch den **Aaper Wald** wandern.

Dem Weg folgen wir an einem **Picknickplatz** vorbei bis zu einem Spielplatz, biegen links ab und gehen fast 500 Meter weiter in südliche Richtung, um dann erneut nach links abzuzweigen. Nach weiteren 500 Metern wenden wir uns ein letztes Mal nach rechts und gelangen geradewegs wieder zur **Rennbahnstraße,** wo immer noch das eingangs erwähnte El Beso – Zum Trotzkopf seine Gerichte anbietet. Wer also bis hierhin den ganzen Verlockungen der verschiedenen Waldgasthöfe und Restaurants widerstanden hat, der kann sich für die Mühen der Wanderung nun mit einer üppigen Mahlzeit belohnen. ■

SCHLOSS MORSBROICH

SCHLOSS MORSBROICH
Gustav-Heinemann-Straße 80
51377 Leverkusen
Tel. (02 14) 85 55 60
www.museum-morsbroich.de

SCHLOSS MORSBROICH

In hellen Gelbtönen leuchtet das Schloss Morsbroich, umgeben von einem dichten Wald, mitten in Leverkusen. Im 18. Jahrhundert entstand das dreigeschossige Bauwerk als Nachfolgebau eines Schlosses, das zu diesem Zeitpunkt bereits völlig verfallen war. Über die Entstehungsgeschichte des alten Bauwerks ist nur wenig bekannt, man nimmt an, dass es aus einem alten Gutshof des 15. Jahrhunderts hervorgegangen war. Dem heute noch bestehenden Bau war das Jagdschloss Falkenlust, heute ein Weltkulturerbe, ein architektonisches Vorbild. Wer die beiden Schlösser miteinander vergleicht, wird eine Ähnlichkeit nicht abstreiten können. Zum Schloss Morsbroich gehört auch ein umfangreicher Schlosspark, der im Stile eines Englischen Landschaftsgartens zeitgleich mit dem heutigen Schloss angelegt wurde. Neben der Natur im Park gibt es dort auch Kultur im Skulpturenpark zu sehen und zu erleben. So ist zum Beispiel das Wasserspiel des dänischen Künstlers Jeppe Hein besonders bei Kindern ein beliebtes Kunstwerk. Man benötigt etwas Geschick, um trockenen Fußes und Hauptes in den begehbaren Springbrunnen einzusteigen. Hat man es erst einmal geschafft, dann steht man inmitten einer Wasserwand – und vor dem Problem, ebenso trocken wieder herauszukommen.

Der Skulpturenpark gibt einen guten ersten Eindruck von dem, was einen beim Besuch im Schloss erwartet. Denn in den Räumlichkeiten befindet sich das Museum Morsbroich, das im Januar 1951 eröffnet wurde. Damit war es das erste nach dem Zweiten Weltkrieg neugegründete Museum für Gegenwartskunst. Malereien und Plastiken bestimmen die Sammlung im Museum, die mit ständig wechselnden Ausstellungen ergänzt wird. Nicht umsonst durfte sich das Museum Morsbroich im Jahr 2009 über den Titel Museum des Jahres freuen, der vom Internationalen Kunstkritikerverband (AICA) verliehen wird. Abgerundet wird der Besuch im Schloss durch eine Einkehr im stilvollen Restaurant, das in einem der halbrund angelegten Nebengebäude die Gaumen der Gäste verwöhnt.

ENTLANG DES NORD-KANALS BEI NEUSS

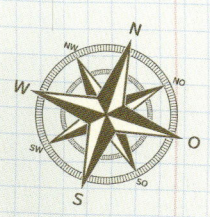

Länge: 20,4 km

Wanderzeit: 6 Stunden

Schwierigkeit: mittel

Höhenmeter: 104 m

Start: Freithof 30, 41460 Neuss
(GPS: 51.306857, 6.857299)

Ziel: Myllendonker Straße, 41352 Korschenbroich
(GPS 51.209156, 6.492055)

Parkplätze: Hammer Landstraße 1, 41460 Neuss

ÖPNV: Straßenbahnhaltestelle Neuss, Markt

Verpflegung: Rucksackverpflegung nicht vergessen oder zu Beginn die große gastronomische Auswahl im Zentrum von Neuss nutzen!

Jahreszeit: Frühling

Strecke

Die Tour zum Auspowern

Auf dieser Streckenwanderung vermischen sich Kultur und Natur. Als roter Faden unserer Wanderung zieht sich der historische Nordkanal durch die Landschaft zwischen Neuss und Korschenbroich.

Immer wieder kommen wir an diesem napoleonischen Bauwerk vorbei. Auf dem sehr einfachen Wanderweg haben wir die Gelegenheit, das Schritttempo zu erhöhen. Der Weg ist eben und deshalb auch bei Joggern sehr beliebt. Mit entsprechender Ausrüstung kann man auch auf eine Nordic-Walking-Tour gehen. Unterbrochen wird die Tour immer wieder von Grünanlagen, die zum Erholen einladen: Sei es nun der Stadtgarten von Neuss, das Erholungsgelände Jröne Meerke oder der Stadtgarten im Zentrum von Kaarst – sie alle präsentieren sich mit einem kleinen Weiher und laden zu einer Rast ein. Das größte Gewässer ist jedoch der Kaarster See, der eine Vielzahl an Freizeitmöglichkeiten bietet und an heißen Sommertagen zu einer Baderunde verlockt, bei der man sich ebenfalls auspowern kann. Weitere Gewässer sind die Baggerseen am Ende der Wanderung. Allerdings erreicht man sie nur, wenn man bis zum gesteckten Ziel, Schloss Myllendonk, durchhält und sich nicht am Badestrand des Kaarster Sees verführen lässt, die Tour vorzeitig zu beenden.

ENTLANG DES NORDKANALS BEI NEUSS

QUIRINUS-MÜNSTER

Ohne Zweifel ist das Wahrzeichen der Stadt Neuss das spätromanische St.-Quintus-Münster, das in der ersten Hälfte des 13. Jahrhunderts erbaut wurde. Der römische Tribun Quirinus ist als Statue auf der barocken Kuppel der Kirche zu sehen. Er zählt zu einem der Vier Marschälle Gottes. Seine Reliquien werden in einem goldenen Schrein in der Apsis aufbewahrt.

Mit der Besichtigung des ST.-QUIRINUS-MÜNSTER im Herzen von Neuss beginnen wir unsere Streckenwanderung, die uns bis zum **Schloss Myllendonk** bringen wird.

Anschließend überqueren wir den Marktplatz bis zur Straße Büchel, der Haupteinkaufsstraße im Zentrum von Neuss, wenden uns nach rechts und biegen gleich in die erste Straße auf der linken Seite wieder ein. Durch die **Neustraße** gehen wir rund 200 Meter bis zu einem Grünstreifen, wo wir auf den **Erftmühlengraben** treffen. Zu unserer Linken sehen wir das Gebäude der **Alten Post,** das in der zweiten Hälfte des 19. Jahrhunderts erbaut wurde und einst das letzte erhaltene preußische Postamt im Rheinland beherbergte. Heute ist dort das **Kulturforum der Schule für Kunst und Theater** untergebracht.

Wir überqueren den Erftmühlengraben und gehen durch die **Kanalstraße** weiter geradeaus. Der Name der Straße ist dabei Programm, denn sie bringt uns geradewegs zum NORDKANAL, der nun überwiegend unser Begleiter auf dem Weg nach Korschenbroich sein wird.

Nach Überquerung der **Kaiser-Friedrich-Straße** stehen wir unmittelbar vor dem Kanal und dem **Neusser Stadtgarten,** in dem sich der Stadtgartenweiher als ruhige Oase in der Großstadt entpuppt. Enten gründeln am Seeufer und am Sonntagmorgen lassen hier die Mitglieder des Schiffsmodellvereins ihre ferngesteuerten Boote zu Wasser. Der Weiher ist auf dem **Franz-Kellermann-Weg** schnell umrundet, doch wir haben ja ohnehin noch eine größere Wanderung vor uns. Wer den Kanal also nicht überquert hat, biegt vor ihm rechts ab und wandert in westliche Richtung an dem napoleonischen Bauwerk entlang. Nach wenigen Metern überqueren wir die **Deutsche Straße** und sehen halb links das **Museum Kunstraum Neuss,** das in einer ehemaligen Trafostation untergebracht ist und regelmäßig wechselnde Ausstellungen zeigt.

Wir gehen weiter geradeaus, lassen die **Schorlemer Straße** hinter uns und unterqueren eine **Eisenbahnbrücke,** um gleich dahinter am Kanal weiterwandern zu können. An der **Rheydter Straße** biegen wir links ab, wechseln die Kanalseite, unterqueren eine weitere Eisenbahnbrücke und biegen gleich dahinter rechts in die Straße **Am Stadtwald** ein. Aller guten Dinge sind drei, weshalb wir nach wenigen Augenblicken die dritte Eisenbahntrasse unterqueren. Unsere Wanderung führt uns unter dichtem Blattwerk alter Bäume hindurch. Nach Unterquerung einer breiten Straßenbrücke, auf der der **Konrad-Adenauer-Ring** verläuft, finden wir uns im NEUSSER STADTWALD wieder.

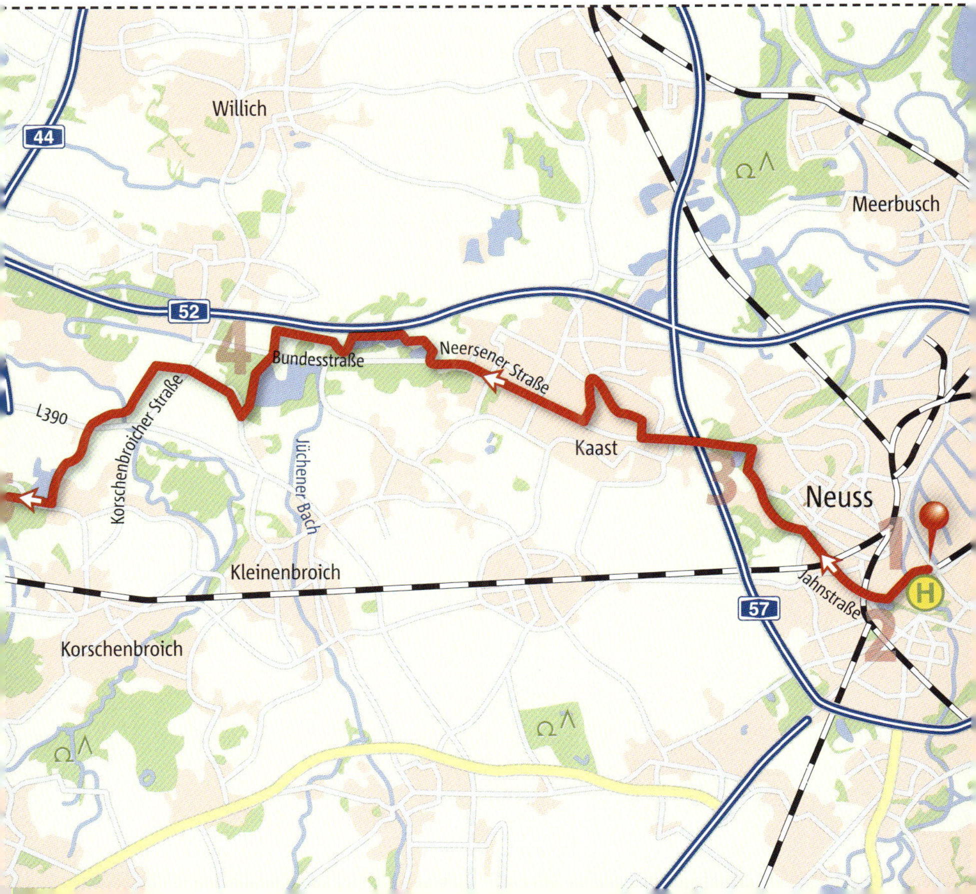

NORDKANAL
Napoleon Bonaparte wünschte zu Beginn des 19. Jahrhunderts eine Wasserverbindung zwischen den beiden Flüssen Maas und Rhein, um das Gebiet der Niederländer umgehen zu können. Als 1810 Holland mit Frankreich vereinigt wurde, bekam er dadurch automatisch auch Kontrolle über die holländischen Seehäfen und benötigte den Kanal nicht mehr, weshalb er ihn nie fertigstellen ließ.

STADTWALD VON NEUSS
28 verschiedene Baumarten machen den Forst zu einem Laubmischwald. Die ältesten Bäume sind Eschen, die mittlerweile über 90 Lenze zählen. Der etwa zwei Kilometer lange Stadtwald ist ein Landschaftsschutzgebiet und Heimat für zahlreiche Vogelarten und Amphibien. Letztere fühlen sich an den vielen Seen und Tümpeln wohl.

Ruhe und Rummel

Hier haben wir die Möglichkeit, ein wenig vom geraden Weg am Ufer des Nordkanals abzuweichen. An einer Gabelung können wir uns halb links halten und auf einem der parallel verlaufenden Wege die Wanderung durch den Stadtwald genießen. Sämtliche Wege treffen sich nach rund 800 Metern an der Straße **Auf der Heide** wieder. An dieser biegen wir rechts ab, überqueren erneut den Kanal und das parallel verlaufende Bahngleis, um uns gleich dahinter nach links zu wenden.

Zwar wandern wir hier bereits im Grünen, doch auch die nächste Grünanlage lässt nicht lange auf sich warten. An einem Abzweig halten wir uns geradeaus und gelangen zur **Jröne Meerke,** wo wir zahlreichen Enten und Gänsen begegnen, die das Ufer eines kleinen Weihers besiedeln.

Wir umrunden den See zur Hälfte und begeben uns am westlichen Ende des Parks wieder zum Nordkanal, wo unser Wanderweg zwischen Kanal und Viersener Straße verläuft. An der Ausfahrt Holzbüttgen unterqueren wir die Autobahn 57 sowie eine noch sehr junge Umfahrungsstraße, die eigens für das nun folgende Gewerbegebiet auf der rechten Seite angelegt wurde. Kurzum: Hier in Kaarst wird es nun für kurze Zeit etwas rummeliger. Damit wir aber nicht einfach nur dem schnurgeraden Nordkanal folgen und auch den Stadtpark von Kaarst kennenlernen, biegen wir an der **S-Bahnhaltestelle IKEA Kaarst** rechts in die **Girmes-Kreuz-Straße** ab und lassen das Gewerbegebiet schnell hinter uns. Der Straße folgen wir durch eine Linkskurve und bleiben ihr bis zum **Zentrum von Kaarst** treu, wo wir vor den Rathaus-Arkaden links in die Straße **Am Neumarkt** einbiegen. Schon nach wenigen Metern stehen wir vor einem weiteren See, der zum **Kaarster Stadtpark** gehört. Nicht zu übersehen sind die zahlreichen Betonstelen, die aus dem Wasser ragen und von verschiedenen

Objekten gekrönt sind. Sie bilden einen **Skulpturen-park,** der von fast zwei Dutzend Künstlern geschaffen wurde. Geradeaus könnten wir über eine Holzbrücke einen Teil des Sees überqueren und in den Stadtpark hineinwandern. Wir entscheiden uns jedoch für die **Allee aus Kirschbäumen** zu unserer Linken, auf der wir zur **Erftstraße** gelangen. Hier wenden wir uns nach rechts und folgen ihr bis zur **Neersener Straße,** wo wir unseren bekannten Nordkanal wiedertreffen. Vor dem Kanal biegen wir rechts ab und folgen ihm weiter am **Kaarster Bahnhof** vorbei.

Der Nordkanal beschreibt zusammen mit dem Uferweg eine langgezogene Linkskurve, hinter der wir wenig später die **Neersener Straße** nach rechts überqueren werden. Denn auf der rechten Seite befindet sich der KAARSTER SEE mit seinen vielfältigen Freizeitangeboten.

Freizeitparadies

Unsere Aktivität heißt aber See-Umrundung. Nach der Überquerung der Straße gehen wir daher halb links in ein kleines **Wäldchen** hinein, halten uns an der folgenden **Gabelung** rechts und biegen an der Straße Am **Kaarster See** links ab. Vor den **Tennisplätzen** gehen wir wieder links in den Wald hinein und erreichen eine kleine Kreuzung vor dem Seeufer, an der wir uns nach rechts wenden und nun zwischen der Autobahn 52 sowie dem nördlichen Seeufer entlangwandern und dabei das Treiben auf dem Wasser des **Kaarster Sees** beobachten können. An seinem südwestlichen Ende biegen wir rechts ab, gehen ein kurzes Stück durch den Wald und kommen auf einen **Landwirtschaftsweg** aus dem Wald heraus, der in die Straße **Am Hauserbusch** übergeht. Sie bringt uns zur **Büttgener Straße,** der wir geradeaus bis zu einer **Kreuzung** folgen. Hier blicken wir ein letztes Mal auf den Nordkanal, überqueren diesen und halten uns halb rechts, um durch das **Naturschutzgebiet Pferdsbroich** zu wandern,

KAARSTER SEE

Wie die meisten Seen in der Region entstand auch der Kaarster See durch Kiesabbau im letzten Jahrhundert. Eigentlich besteht er aus zwei Gewässern, die durch einen Durchbruch in einem Damm miteinander verbunden sind. Der kleinere von ihnen ist mit seinem Sandstrand als Badesee sehr beliebt, während das größere Gewässer zum Angeln, Surfen, Segeln und Tauchen einlädt.

während sich zu unserer Linken ein weiterer **Bagger-see** erstreckt, der allerdings noch nicht zugänglich ist.

Vor einem weiteren kleinen See sehen wir ein För-derband, vor dem wir rechts abbiegen und an einer **Gabelung** dem halb links abzweigenden Weg **Eschert-benden** an einem Feld entlang folgen. Wir überqueren die **Korschenbroicher Straße** und biegen erst dahinter an der ersten Möglichkeit links in die Straße **Am Bütt-genwald** ein. Auf ihr überqueren wir den **Trietbach,** bie-gen vor einem Bauernhof links ab und überqueren ei-ne Landstraße. Auf der **Friedrich-Kreutzer-Straße** angekommen, durchqueren wir ein kleines Wohn-viertel und gelangen zum letzten See auf unserer Wan-derung, der sich zu unserer Rechten befindet. Gleich hinter dem Gewässer biegen wir rechts ab und sehen wenig später schon halb links den Zufahrtsweg zum SCHLOSS MYLLENDONK, das nicht nur von einem Wassergra-ben, sondern auch von einem gepflegten Golfplatz umgeben ist und gleichzeitig den Zielort unserer Wanderung am Nordkanal darstellt. ■

SCHLOSS MYLLENDONK
Das Bauwerk wurde im 15. oder 16. Jahrhundert errichtet, im 17. Jahrhundert kam das Barockdach hinzu. Die Herren von Myllendonk gehörten zu den einflussreichsten Adelsfamilien der Region. Heute umgibt ein Golfplatz das stattliche Anwesen.

WANDERN AM UNTERBACHER SEE

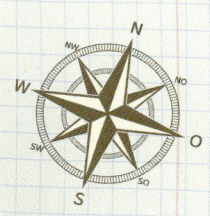

Länge: 14,4 km

Wanderzeit: 4,5 Stunden

Schwierigkeit: leicht

Höhenmeter: 224 m

Start/Ziel: Großer Torfbruch 12, 40627 Düsseldorf
(GPS: 51.198280, 6.894584)

Parkplätze: Am Großen Torfbruch, 40627 Düsseldorf

ÖPNV: Bushaltestelle Strandbad Nord, Düsseldorf

Verpflegung: Biergarten Nichtschwimmer

Jahreszeit: Sommer

Rundweg

Ausrüstung: Sonnenhut

Die Tour am Wasser

Eine Tour am Wasser in einem Freizeitführer für das Rheinland – und „Vater Rhein" wird kaum einmal erwähnt.

Wie das funktioniert? Ganz einfach, im Osten der Landeshauptstadt befinden sich mehrere Gewässer, die mit dem Rhein nur bedingt zu tun haben. Ausgangspunkt der Wanderung ist das beliebte Naherholungsgebiet am Unterbacher See. Von dort gelangen wir binnen weniger Minuten zum Haus Unterbach, bei dem es sich um eine sehenswerte Burg handelt, die von einem Wassergraben umgeben ist. Weiter nördlich verläuft die Wanderung durch das Naturschutzgebiet Düsselauen in Gödinghoven. Keine Frage, dass man nicht nur die Auen genießt, sondern auch einen kleinen Abstecher zum Ufer der Düssel macht. Der Fluss, der hier noch weit vom Rhein entfernt ist, ist aber nicht das letzte Gewässer auf dieser Tour. Am Unterbacher See kommen wir noch zum renaturierten Eselsbach mit seinem gemütlichen Lauf. Und zu guter Letzt soll nicht vergessen werden, dass die Region, in der wir heute wandern können, einst feuchte Moorlandschaft war und das Element Wasser dementsprechend nicht wegzudenken war.

WANDERN AM UNTERBACHER SEE

Bevor wir zum markantesten Punkt dieser Wanderung, dem **Unterbacher See,** gehen, kehren wir ihm zunächst einmal den Rücken und heben ihn uns für den Abschluss der Wanderung auf. Über die Ampel überqueren wir die **Rothenbergstraße** und gehen geradeaus und noch ein kleines Stück in die Straße Großer Torfbruch hinein. Gleich auf der rechten Seite befindet sich ein kleiner Parkplatz, an dem wir rechts abbiegen und über einen schmalen Fußweg bis zum Wendehammer der **Vennstraße** gelangen. Wir biegen nach links und gehen bis zu einer **T-Kreuzung,** an der wir uns nach rechts wenden. Noch sind wir zwar im Wohngebiet des Stadtteils Unterbach, doch auf der rechten Seite streift unser Blick schon über ein Feld. Die Straßennamen wie Vennstraße, Großer sowie Kleiner Torfbruch zeugen davon, wie die Landschaft hier einst ausgesehen hat. Dort, wo sich mit Unterbach heute der fünftgrößte Stadtteil Düsseldorfs erstreckt, gab es in der Vergangenheit zahlreiche Moore. Wir folgen der Vennstraße bis zu ihrem Ende, wo uns das **Landhotel Zault** und die Freiwillige Feuerwehr erwarten. Vor uns verläuft die Gerresheimer Straße quer, die zugleich die Stadtgrenze zwischen Düsseldorf und Erkrath markiert. Auf der gegenüberliegenden Straßenseite, also auf Erkrather Gebiet, erkennen wir das schmucke HAUS UNTERBACH.

Es geht bergauf

Wir gehen halb links weiter und wandern ein kurzes Stück an der **Erkrather Straße** entlang. Haus Unterbach lassen wir zu unserer Rechten liegen und wenden uns an einer Ampel vor einem Feld nach links. Die Straße **Im Hochfeld,** mehr ein landwirtschaftlicher Nutzweg, wird ihrem Namen vollkommen gerecht. Je höher wir dabei kommen, umso mehr lohnt es sich, sich einmal nach hinten umzuschauen. Wir haben einen freien Blick über Erkrath hinweg bis tief in das Bergische Land.

HAUS UNTERBACH

Die Wasserburg entstand vermutlich zur Zeit der Karolinger und wurde im 14. Jahrhundert zu dem heutigen massiven Gebäude ausgebaut. Zur Burg, an der ein Rundturm erhalten blieb, gehört auch das Herrenhaus. Dieses ist von einem Landschaftspark umgeben, der einst von Maximilian Friedrich Weyhe angelegt wurde. Dass sich Haus Unterbach heute im Erkrather Ortsteil Unterfeldhaus befindet, ist auf die kommunale Neugliederung von 1975 zurückzuführen. Damals wurde das einstige Unterbach getrennt, ein Teil fiel als Unterbach an Düsseldorf, der andere mit Haus Unterbach an Erkrath.

An einer Kreuzung könnten wir eigentlich geradeaus, doch nach rechts führt ein schmaler Pfad weg, dem wir folgen sollten. Er bringt uns nach rund 300 Metern zu einem GEDENKSTEIN FÜR WERNER SENGER.

Hier treffen wir auf den asphaltierten **Römerweg,** dem wir nach links folgen. Hin und wieder sehen wir noch die schwarz-weiße Wanderwegmarkierung X7. Hierbei handelte es sich um die Markierung für den **Residenzenweg,** einem der ältesten Wanderwege des **Sauerländischen Gebirgsvereins.** Er verband Düsseldorf mit der Stadt Arnsberg, wurde jedoch im Jahr 2014 aufgegeben.

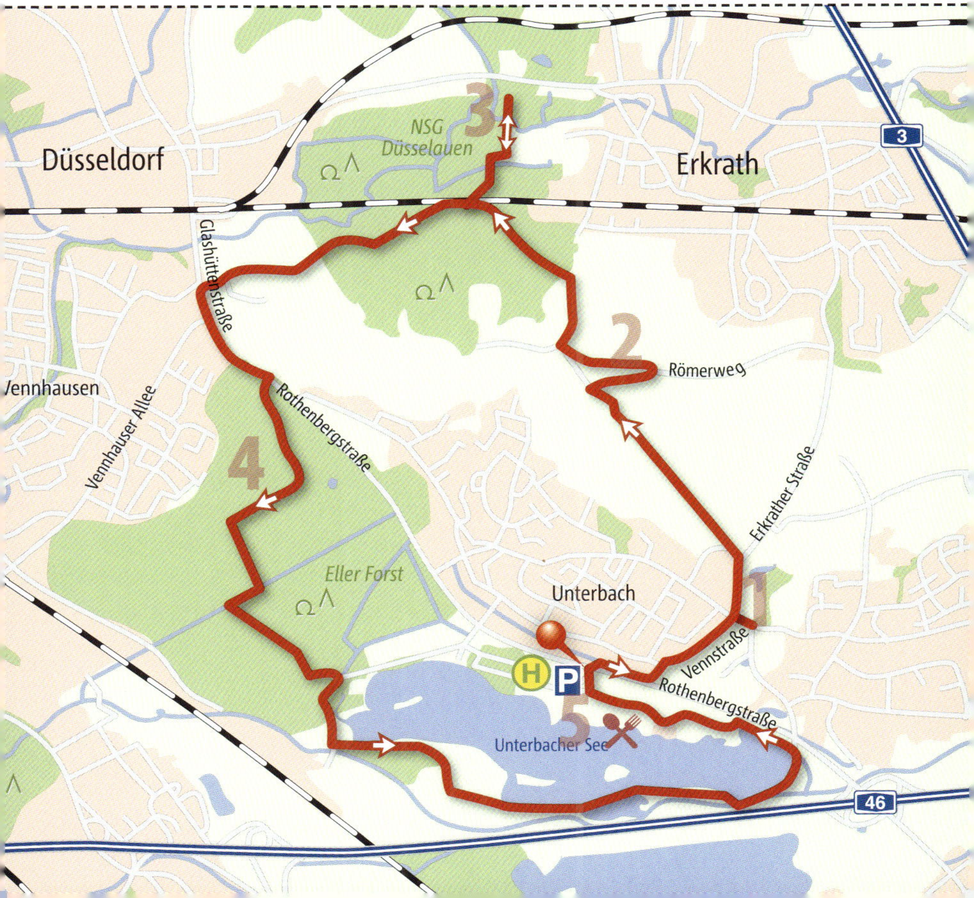

Düsseldorf

Erkrath

NSG Düsselauen

Glashüttenstraße

Römerweg

Vennhausen

Vennhauser Allee

Rothenbergstraße

Erkrather Straße

Eller Forst

Unterbach

Vennstraße

Rothenbergstraße

Unterbacher See

WERNER-SENGER-GEDENKSTEIN

Er war Jäger und brach am 25. Juni 1995 um 5 Uhr in der Früh zur Kaninchen-Jagd auf – zum letzten Mal. An der Stelle, wo sich heute der Gedenkstein befindet, wurde sein Leichnam gefunden. Werner Senger wurde mit drei Schüssen aus seinem eigenen Gewehr getötet und bis heute, über zwei Jahrzehnte später, konnte dieser Mord nicht aufgeklärt werden. Die Tatwaffe sowie sein Handy, was zum damaligen Zeitpunkt noch keine Selbstverständlichkeit war, wurden nie gefunden.

DÜSSEL

An der Stadtgrenze von Wülfrath und Velbert-Neviges entspringt die Düssel, die der Landeshauptstadt von Nordrhein-Westfalen ihren Namen lieh. Im idyllischen Haan-Gruiten nimmt sie noch das Wasser der Kleinen Düssel auf, bevor sie sich auf ihrem weiteren Weg zum Rhein vierteilt und von Nord nach Süd als Kittelbach, der Nördlichen Düssel, der Südlichen Düssel und dem Brückerbach in den Rhein mündet.

An einem einfachen Holzunterstand unter der ausladenden Krone einer Kastanie haben wir die Möglichkeit, uns ein wenig vor der prallen Sonne zu schützen, die uns auf dem bisher fast schattenlosen Weg begleitet. Außerdem stoßen wir hier auf den **Neanderlandsteig,** der als Rundwanderweg noch relativ jung ist.

Gleich hinter dem Unterstand befindet sich das **Gut Hochscheidt,** doch wir gehen nach rechts und folgen dem Neanderlandsteig bis zu einem Wald, in den wir halb links hineinbiegen. Hier beginnt das bewaldete **Naturschutzgebiet Düsselauen** bei Gödinghoven.

Das Naturschutzgebiet erstreckt sich zwischen Erkrath und Düsseldorf und wird – wen wundert´s – von der DÜSSEL durchzogen.

Wir befinden uns in seinem südlichen Teil, wo es kaum möglich ist, der Düssel zu begegnen. Wenn wir dem Fluss, nach dem die Landeshauptstadt benannt wurde, einen Besuch abstatten wollen, müssen wir einen Abstecher einplanen. Nach der Durchquerung des Waldes beginnt dieser an der Fußgängerbrücke, auf der wir die Bahntrasse überqueren. Auf dem **Gödinghoverweg** gelangen wir ganz automatisch zu einer Brücke, die sich über den hier stark mäandernden Fluss spannt. Wieder zurück an den Bahngleisen, überqueren wir diese erneut und wandern beim Verlassen der Brücke weiter geradeaus durch das Naturschutzgebiet.

Fluss, Wald, See

Auch hinter dem folgenden **Gut Klein-Düssel** können wir noch einmal einen Abstecher von knapp 200 Metern nach rechts zur Düssel machen. Danach halten wir uns geradeaus und erreichen auf dem **Gödinghover Weg** den Düsseldorfer Ortsteil **Vennhausen.** Vor einem Wohnhaus überqueren wir die Glashüttenstraße und wenden uns nach links. Rund 500 Meter wandern wir entlang der Hauptstraße, die an einem Feld in die **Rothenbergstraße** übergeht. Wir erreichen

ELLER FORST
Wo einstmals ein weites Sumpf-
gebiet die aus Altarmen des
Rheins entstandene Landschaft
prägte, entwickelte sich der Eller
Forst. Auch heute gibt es noch
Feuchtwiesen und Tümpel. In
seinem Kern besteht er aus
einem feuchtigkeitsliebenden
Erlenbruchwald. Auch die vor-
kommenden Vogelarten lassen
schon durch ihre Namen wie
zum Beispiel Teichrohrsänger
und Sumpfmeise die feuchte
Landschaft erahnen.

NICHTSCHWIMMER

Großer Torfbruch 16
40627 Düsseldorf
Tel. (02 11) 95 76 16 28
www.gastronomie-
unterbachersee.com

einen Wanderparkplatz, bei dem wir uns für den halb links abzweigenden Wanderweg entscheiden und damit in den **ELLER FORST** kommen.

Mehrere **Schutzhütten** auf dem Weg durch den Wald bieten uns immer wieder Gelegenheit zu einer kleinen Wanderrast. Die erste folgt schon bald an einer Weggabelung, an der wir halb rechts weiterwandern. An einer Kreuzung treffen wir schon wenig später auf den nächsten Rastplatz und biegen an diesem links ab, um zum **Kikweg** zu gelangen, der sich schnurgerade durch den Eller Forst zieht. Sein Name leitet sich von Kiek (=gucken) her. Der Weg bot früher einen schnellen Überblick, ob einer der hier arbeitenden Moorarbeiter verunglückt war und geborgen werden musste.

Hier wenden wir uns nach rechts und gelangen schon nach wenigen Metern zur nächsten **Schutzhütte**, an der wir wiederum links abbiegen. Auf dem Hauptweg gelangen wir zu einer Informationstafel am Abzweig **Kleiner Torfbruch**. Diesem folgen wir nach rechts und umrunden zum Schluss unserer ausgiebigen Wanderung noch den **Unterbacher See**. Dabei passieren wir einen Campingplatz, einen Hochseilklettergarten sowie mehrere Einkehrmöglichkeiten.

Der Unterbacher See entstand im letzten Jahrhundert durch die Gewinnung von Kies und Sand über mehrere Jahrzehnte hinweg als Baggersee. Heute ist er nicht nur Teil eines Naturschutzgebietes, sondern auch ein beliebtes Naherholungsziel. Während sich zu unserer Linken der See mit seinen Inseln ausbreitet, bahnt sich zu unserer Rechten der Eselsbach seinen Weg.

Stets am Seeufer bleibend, umrunden wir das Gewässer und können abschließend im Biergarten **NICHTSCHWIMMER** einkehren.

Wer möchte, hat die Möglichkeit, hinter dem Campingplatz die Freizeitangebote am nördlichen Seeufer zu nutzen, und zum Beispiel eine Partie Minigolf spielen. ■

BAYARENA
Bismarckstraße 122–124
51373 Leverkusen
Tel. (0 18 05) 04 04 04
www.bayarena.de

Bayer 04 Leverkusen gehört zu den erfolgreichsten Fußballvereinen Deutschlands und wird in der Ewigen Tabelle der Fußball-Bundesliga im Rheinland nur von Borussia Mönchengladbach überflügelt. Allerdings liegen die Erfolge der Borussen deutlich länger zurück. Dafür mussten sich die Spieler von Bayer 04 Leverkusen in den Wettbewerben der vergangenen Jahre oftmals mit dem zweiten Platz begnügen.

Wer einmal auf den Spuren von Spielern und Trainern wie Christoph Kramer, Karim Bellarabi, Rudi Völler, André Schürrle und Michael Ballack wandeln möchte, der ist an der Bismarckstraße in Leverkusen genau richtig. Dort erhebt sich die BayArena als Heimstätte des Fußballvereins und lädt zu verschiedenen Touren durch das Rund ein.

Entstanden ist die heutige Spielstätte aus dem 1956 errichteten Ulrich-Haberland-Stadion, benannt nach dem deutschen Chemiker. Seither wurde sie immer wieder erweitert und umgebaut und bietet heute Platz für 30.000 Fans – eine moderne Arena mit WLAN, Gastronomie und hunderten von HD-Monitoren.

Zum Angebot der BayArena gehören auch Führungen für interessierte Besucher außerhalb der Spielzeiten, die mit verschiedenen Themen locken. Bei der sogenannten Classic-Tour besucht man den Presseraum, geht durch den Spielertunnel und darf auch auf der Spielerbank Platz nehmen. Darüber hinaus gibt es verschiedene Spezialtouren, die sich zum Beispiel mit der Technik des Stadions befassen oder die Arena aus Sicht eines Spielers zeigen sowie die sogenannte Spieltagstour. Sie ist zwar nur eine Dreiviertelstunde lang, aber für Fußballfans wahrlich aufregend. Denn bis zu drei Stunden vor Anpfiff eines Bundesligaspiels können die Vorbereitungen auf das Spiel aus nächster Nähe in Augenschein genommen und miterlebt werden.

Übrigens: Auch die deutsche Fußballnationalmannschaft spielte schon einige Male in der BayArena und hat hier in Leverkusen noch nie ein Spiel verloren.

07

VOM HILDENER STADTWALD ZUR HILDENER HEIDE

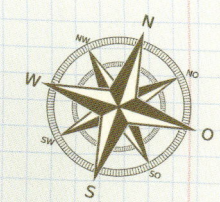

Länge: 7,7 km

Wanderzeit: 2,5 Stunden

Schwierigkeit: leicht

Höhenmeter: 115 m

Start/Ziel: Erkrather Straße 66, 42781 Haan (GPS: 51.190353, 6.980734)

Parkplätze: Parkstreifen an der Erkrather Straße, 42781 Haan

ÖPNV: Bushaltestelle Tannenwäldchen, Haan

Verpflegung: Waldschenke 12 Apostel

Jahreszeit: Sommer

Rundweg

Die Tour für Zwischendurch

Eine kurze Wanderung ist diese Tour durch den Hildener Stadtwald.

Wegen ihres geringen Schwierigkeitsgrades und der guten Erreichbarkeit kann man sie mal eben zwischendurch – oder sogar nach Feierabend – machen. Der Hildener Stadtwald befindet sich, der Name lässt es schon vermuten, in Hilden und ist auch für die Einwohner von Düsseldorf und Haan schnell zu erreichen. Nur wenige Höhenmeter sind in der „grünen Lunge" der Stadt zu erklimmen, obwohl man dabei eben auch auf den höchsten Berg von Hilden wandert. Nach einer waldreichen Tour, auf der man auch seinen vierbeinigen Freund ruhig mitnehmen kann, wandert man abschließend an der Hildener Heide entlang. Sie beeindruckt nicht so sehr durch ihre Größe, sondern mehr durch ihre raue Schönheit. Und für eine Wanderung, die man eigentlich nur zwischendurch ansetzt, bietet die Hildener Heide genauso viel und lohnendes Naturerlebnis wie der Stadtwald selbst. Unterwegs gibt es zudem einen kleinen Weiher zu sehen, einige Bäche zu überqueren und mehrere Schutzhütten, in denen man selbst auf einer Zwischendurch-Runde eine kleine Pause einlegen kann. So kann man nach Feierabend den Tag in Ruhe ausklingen lassen.

VOM HILDENER STADTWALD BIS ZUR HILDENER HEIDE

Wanderer, die mit den öffentlichen Verkehrsmitteln anreisen, gehen zunächst die **Erkrather Straße** hinab, bis wir auf Höhe des Hauses Nummer 60 über einen kleinen Parkstreifen direkt in den HILDENER STADTWALD hineingehen.

Schon nach nur 150 Metern biegen wir rechts ab und wandern am rot-weißen Absperrpfosten vorbei weiter in den Wald hinein. Für ein kurzes Stück befinden wir uns nicht nur auf der Stadtgrenze zwischen Haan und Hilden, sondern auch auf zwei Wanderwegen, dem **Haaner und** dem **Hildener Rundweg.**

Auf einem Schotterweg geht es nun zunächst für ein längeres Stück durch den schattigen Wald, bis wir an einer Kreuzung auf den von rechts kommenden **Hoxbach** stoßen. Wir wenden uns nach links und wandern am leise plätschernden Bach geradeaus. Wir achten auf die Wanderwegmarkierung A2 und biegen an einer **T-Kreuzung** rechts ab, um den kleinen Bach zu überqueren. Mit einer leichten Steigung gelangen wir zu einer Schutzhütte, vor der wir nach links abbiegen und bald schon nach Überquerung einer weiteren Kreuzung abermals auf eine Schutzhütte treffen. Auch an dieser Rastmöglichkeit begeben wir uns nach links und genießen die Wanderung unter den dichten Baumkronen der selten gewordenen Ulmen, die unseren Weg säumen. An der ersten Möglichkeit halten wir uns rechts und sehen den veralteten Hinweis auf den **Residenzenweg,** dem wir für ein Stück folgen wollen. Auf ihm wandern wir in einem weiten Linksbogen bis zu einem **Waldsee,** dessen Wasser bis zu uns an den Wanderweg heranreicht. Wir gehen bis zu einer großen Pferdekoppel, wandern weiter geradeaus und gelangen zu einer kleinen Holzbrücke, auf der wir den schmalen **Sandbach** überqueren. Er fließt in Ost-West-Richtung und durchquert dabei fast den gesamten **Hildener Stadtwald,** bevor er am Ende in den Hoxbach mündet.

HILDENER STADTWALD

Der Stadtwald von Hilden ist ein Eldorado für Ausflügler und Erholungssuchende. An den schattigen Waldwegen findet man rund 100 Sitzbänke zum Rasten, drei Spielplätze, einen Trimm-Dich-Pfad, Laufstrecken, eine Hundeauslaufwiese und insgesamt 30 Kilometer Wanderwege. Und die Natur kommt dabei auch nicht zu kurz, ein Fünftel des Hildener Stadtwaldes steht unter Naturschutz.

WALDSCHENKE 12 APOSTEL

Ganz durch Leonardo da Vinci inspiriert, findet sich im Restaurant tatsächlich ein Wandmotiv, das an das berühmte Abendmahl mit den 12 Aposteln erinnert. Auch die Pizzen folgen dem Schenkenmotto und sind nach den 12 Aposteln benannt. Mit Wintergarten, Terrasse und zwei Speiseräumen fehlt es dem beliebten Ausflugslokal an nichts.

Elberfelderstraße 175
40721 Hilden
Tel. (0 21 03) 82 72
www.zwoelfapostel-hilden.de

Es grünt so grün

Nach Überquerung der Sandbach-Brücke gehen wir nach links und wandern leicht bergauf zu einem quer verlaufenden Pfad, an dem wir abermals nach links abbiegen. Zu unserer Rechten sehen wir einen überdachten Picknickplatz, der uns erneut eine Möglichkeit zu einer kleinen Pause gibt. Anschließend wenden wir uns nach rechts, wandern auf einem schnurgeraden Weg durch den idyllischen Wald und treffen an einem kleinen Wasserlauf namens **Büren-bach** auf mehrere Stationen eines **Trimm-Dich-Pfades,** wo wir unsere kleine Wanderung mit einigen Dehn- und Gymnastikübungen unterbrechen können. Zwi-

WALDKASERNE

Bis zum Jahr 2015 war das Ausbildungsmusikkorps in der Waldkaserne untergebracht, bevor es nach Düsseldorf verlegt wurde. Gebaut wurde die Kaserne während der Nazi-Diktatur für die Flugabwehrtruppen der Wehrmacht. Später folgten die Briten und dann die Bundeswehr, die mittlerweile unter anderem das Feldjägerregiment 2 sowie 750 Soldaten hier stationiert hat.

JABERG

Mit 106,6 Metern ist der Jaberg die höchste Erhebung von Hilden. Der 1931 erbaute Aussichtsturm ist rund 13 Meter hoch und kann am Wochenende bestiegen werden.

HILDENER HEIDE

Zahlreiche gefährdete und seltene Pflanzenarten konnten in der Vergangenheit in der Hildener Heide erfasst werden. Dazu zählen zum Beispiel die Heide-Nelke, der Mittlere Sonnentau und das Schmalblättrige Sumpfgras.

schen Eichen und Fichten geht es bis zu einer Lichtung, an der wir eine **Gedenktafel** zu Ehren von **Ferdinand Lieven** sehen. Er war Ratsmitglied, Erster Beigeordneter und Ehrenbürger von Hilden. Nach seinem Tod hinterließ der Großgrundbesitzer der Stadt als großzügiges Erbe das Gebiet des heutigen Stadtwaldes. Dieser zeichnet dafür verantwortlich, dass wir überhaupt durch den Hildener Stadtwald wandern können.

Wir bleiben geradeaus und erreichen sowohl ein Freibad als auch einen Weiher, der sein Wasser vom **Biesenbach** erhält. Vor dem kleinen See gehen wir nach links, überqueren wenig später den Bach am Parkplatz eines Tennisvereins und haben an der WALDSCHENKE 12 APOSTEL eine angenehme Einkehrmöglichkeit, um unseren Hunger zu stillen.

Anschließend gehen wir bis zur **Bundesstraße 228,** halten uns links und wandern gegenüber der WALDKASERNE entlang.

Unser asphaltierter Weg geht in einen Waldweg über. An einem Reitweg überqueren wir die Straße, um wieder in den Wald hineinzugelangen. Auf dem kurvigen Weg gelangen wir zu einer Gabelung, an der wir uns halb rechts halten. An der folgenden Kreuzung biegen wir scharf nach links ab. An einer weiteren Kreuzung wenden wir uns erneut nach links und erreichen den dicht bewachsenen JABERG mit seinem kleinen Aussichtsturm.

An der Kreuzung unterhalb des Turms halten wir uns auf einem Wurzelpfad geradeaus, verlassen den Wald und genießen es, wie sich vor uns die Landschaft der HILDENER HEIDE ausbreitet.

Entlang der Heide wandern wir geradeaus bis zum Waldrand, wenden uns nach links und lassen die Heidelandschaft hinter uns. Wir überqueren erneut die Bundesstraße und folgen dem geradeaus führenden Weg bis zu dem Abzweig, wo wir von rechts kommend die Wanderung begonnen haben. ■

TOUR

08

VOM SCHLOSS DYCK ZUR ERFTMÜNDUNG

Länge: 22,5 km

Wanderzeit: 7 Stunden

Schwierigkeit: schwer

Höhenmeter: 132 m

Start: Schloss Dyck, 41363 Jüchen
(GPS: 51.306857, 6.857299)

Ziel: Grimlinghauserbrücke 54, 41468 Neuss
(GPS 51.184295, 6.731026)

Parkplätze: Am Schloss Dyck

ÖPNV: Bushaltestelle Jüchen, Kastanienallee

Verpflegung: Café-Restaurant Panorama

Jahreszeit: Herbst

Strecke

Ausrüstung: Sonnenhut

Die Tour mit Kultur

Eine Wanderung entlang der Erft bis zu ihrer Mündung in den Rhein – das liest sich auf den ersten Blick wie eine Tour durch die Natur, und das ist sie auch.

Dennoch, wir verlieren Geschichte und Kultur der Region nicht aus den Augen. Schon am Ausgangspunkt wartet mit dem Schloss Dyck ein kulturelles und barockes Highlight auf uns. Kaum sind wir unterwegs, können wir mit dem Nikolauskloster, das erste von drei Klöstern, die wir auf der Wanderung besuchen, auch einen sakralen Bau besichtigen. Diesem folgt später das Benediktinerinnen-Kloster Kreitz. Bevor wir dann die Erft erreichen, können wir die ehemalige Raketenstation und das nahe gelegene Museum Insel Hombroich besuchen. Fortan ist der Fluss unser Wegbegleiter, den wir immer wieder überqueren. Bei einem dieser Seitenwechsel stehen wir unvermittelt vor dem dritten, wenn auch ehemaligen Kloster, das mit seinem Torhaus einen schönen Abschluss bildet. Zum Ende der Wanderung genießen wir dann vor allem die Natur und sehen nach einem Gang durch den Park Selikum, wie das Wasser der Erft in den Rhein fließt.

VOM SCHLOSS DYCK ZUR ERFTMÜNDUNG

SCHLOSS DYCK

Das **Wasserschloss Dyck** präsentiert sich mit einer Hauptburg und zwei Vorburgen, die jeweils von einem Wassergraben umgeben sind. Das im 17. Jahrhundert errichtete Hauptgebäude besteht aus vier Flügeln, die ein unregelmäßiges Viereck bilden. Begrenzt wird das Schloss mit vier Ecktürmen, die mit barocken Hauben versehen wurden. Zur Anlage des Schlosses Dyck gehört ein weitläufiger Landschaftspark, den der schottische Gartenarchitekt Thomas Blaikie gestaltete.

NIKOLAUSKLOSTER

Das heutige Gebäude des **Nikolausklosters** entstand in der ersten Hälfte des 18. Jahrhunderts. Das Kloster wurde jedoch schon im frühen 15. Jahrhundert durch den Orden der Franziskaner-Tertiaren gegründet. Über 100 Jahre nach der Säkularisation wurde es vom Orden der makellosen Jungfrau Maria im Jahr 1905 wiederbelebt. Zum vierflügeligen Klostergebäude gehört auch die Klosterkirche, an dessen Nordseite sich der Klostergarten erstreckt. Dort befinden sich der **Gedenkpavillon** und die **Lourdes-Grotte** sowie ein Kreuzgang.

Bevor wir uns auf die Wanderung durch die Landschaft des Rheinlands machen und das Ufer der Erft kennenlernen, starten wir natürlich mit einer Besichtigung des Parks und des SCHLOSSES DYCK, das den Ausgangspunkt für unsere Tour bildet und eines der bedeutendsten der Region ist.

Anschließend machen wir uns nun auf den Weg in Richtung Rhein. Wir gehen auf der Straße zwischen Schloss und Parkplatz zur **T-Kreuzung,** überqueren die Landstraße, bevor wir rechts abbiegen. Entlang des **Dycker Felds** wandern wir am stilvollen Dycker Weinhaus vorbei und erblicken nach einer weiten Linkskurve auf der rechten Seite bereits das nächste sehenswerte Bauwerk: das NIKOLAUSKLOSTER.

Bevor wir unsere Wanderung fortsetzen, sollten wir auf jeden Fall einen Blick in den **Klosterladen** werfen. Anschließend wandern wir wieder ein Stück an der Straße entlang und überqueren dabei den **Jüchener Bach** hinter einer Rechtskurve. Zwischen zwei Feldern auf der rechten Seite zweigt ein landwirtschaftlicher Nutzweg ab, auf dem wir die Straße verlassen und einige Zeit später den **Weiler Busch** durchqueren. An der Zufahrt zum **Gut Bickhausen** kommen wir an einer Andachtsstätte vorbei. Kurz darauf biegen wir an der ersten Möglichkeit links ab. Wir verlassen die **Weilerbuschstraße,** überqueren eine Landstraße und gehen geradeaus bis zu einer **T-Kreuzung** zwischen den Feldern, an der wir uns nach links wenden. Nun wandern wir einige Zeit geradeaus bis zu einem Hof an der **Blausteinstraße** in Epsendorf, biegen rechts ab und erreichen eine weitere **T-Kreuzung.** Halb links sehen wir vor uns ein Windrad. Erneut wenden wir uns nach links und am Ende des Weges wiederum nach rechts. An einem weiß leuchtenden **Wegekreuz** biegen wir links an der **Buscherhofstraße** ab, unterqueren die Bundesstraße 230 und gehen geradeaus in das Zentrum von Grefrath. An der **Lüttenglehner**

Straße angekommen, sehen wir halb links den Turm der **St. Stephanuskirche,** die im Jahr 1864 geweiht wurde. Nach einer kurzen Besichtigung der Pfarrkirche mit ihrem Hochaltar folgen wir der **Lüttenglehner Straße** nach rechts zum **Kreisverkehr,** an dem wir gleich an der ersten Möglichkeit abermals rechts abbiegen. Wir bleiben nun einige Zeit auf dem linksseitigen Rad- und Fußweg, der parallel zur Straße verläuft und erblicken am nächsten Kreisverkehr auf der linken Seite die **Jever Fun Skihalle Neuss.**

Kloster und Kunst

Wer mag, tauscht seine Wanderschuhe nun mit Skiern. Wir Übrigen gehen weiter geradeaus und ge-

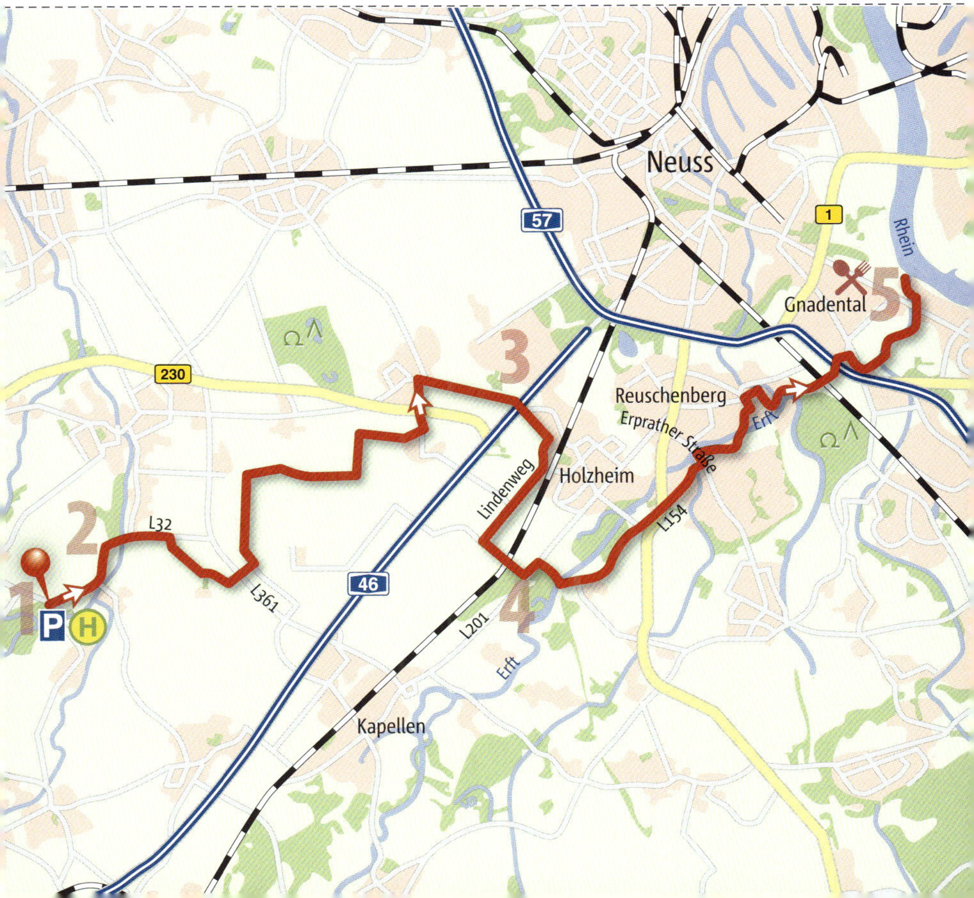

Neuss

57

1

Rhein

Gnadental

5

230

3

Reuschenberg

Erprather Straße

Erft

2

L32

Lindenweg

Holzheim

L154

1

L361

46

4

L201

Erft

Kapellen

KLOSTER KREITZ

1899 wurde das Kloster von den Schwestern des Benediktinerinnen-Ordens gegründet, nachdem die Klosterkirche in den drei Jahren zuvor im neoromanischen Stil erbaut wurde. Diese wurde bei einem Bombenangriff im Jahr 1943 schwer beschädigt, 23 Schwestern kamen dabei ums Leben. Der Bau der direkt angrenzenden Autobahn führte dazu, dass die Apsis der Kirche entfernt werden musste.

MUSEUM INSEL HOMBROICH

Der Düsseldorfer Kunstsammler und Mäzen Karl-Heinrich Müller erwarb im Jahr 1982 die damals völlig verwahrloste Insel Hombroich und schuf in dem Park eine Kunstsammlung mit mehreren Ausstellungspavillons. Zu sehen sind Werke bedeutender Künstler wie zum Beispiel von Rembrandt, Cézanne oder Klimt.

langen auf eine Brücke, auf der wir kurz innehalten sollten. Während unter unseren Füßen die Autos auf der A46 zwischen Neuss und Grevenbroich vorbeirauschen, können wir einen Blick auf den Turm einer Klosterkirche direkt neben der Schallschutzmauer werfen. Es handelt sich um das **KLOSTER KREITZ,** das hier in sehr ungewöhnlicher Lage, nur zwei Meter neben der Autobahn, ein seltsames Bild abgibt.

Wir verlassen die Brücke wieder, gehen hinab bis zu einer Kreuzung, an der wir geradeaus weiterwandern. Wollen wir jedoch dem Kloster Kreitz einen Besuch abstatten, wenden wir uns an der Kreuzung nach links und biegen gleich darauf links in den **Benediktweg** ein. Zurück zur Kreuzung wandern wir dann auf dem **Kreitzweg** am Ortsrand von **Holzheim** entlang, wenden uns an der ersten Möglichkeit nach rechts und verlassen auf der **Ziegeleistraße** ein kleines Gewerbegebiet. Die Straße geht in den **Lindenweg** über. Der leicht ansteigende Weg führt uns zwischen weiten Feldern hindurch, bis zu unserer Linken die **Raketenstation Hombroich** erscheint. Bis zum Ende des Jahrzehnts hielt die NATO hier Raketen einsatzbereit, die zum US-amerikanischen Flugabwehrraketenprogramm Nike gehörten. Heute ist die ehemalige Raketenstation ein Kunstmuseum und Teil der Stiftung Insel Hombroich.

Wir wenden uns nach links, überqueren wenig später Eisenbahngleise und stehen unvermittelt vor dem Gelände **MUSEUM INSEL HOMBROICH.**

Mit dem Fluss Richtung Rhein

Vor dem Museum biegen wir links ab, gehen rechts in die Zufahrt zum Parkplatz und folgen der Straße **Minkel** am Museumseingang vorbei hinab zum Ufer der **Erft.** Vor dem 106 Kilometer langen Fluss biegen wir links ab und genießen die Wanderung am Ufer entlang. Schon nach 400 Metern wechseln wir auf einer kleinen Brücke die Seite, bleiben aber weiterhin

direkt neben der Erft, bis wir an einer Landstraße erneut das Ufer wechseln. Hier kommen wir zum dritten Kloster auf dieser Wanderung. Das ehemalige **Zisterzienserkloster** wurde im 13. Jahrhundert gegründet, jedoch nach 400 Jahren aufgelöst. Einen kurzen Blick ist das schöne Torhaus des ehemaligen Klosters auf jeden Fall wert. Hinter der **Eppinghovener Mühle,** die zum Kloster gehörte, wenden wir uns nach rechts und überqueren wenig später zunächst die Bundesstraße 477 und kurz darauf abermals den Fluss. An der Mündung des **Gillbachs** in die Erft halten wir uns rechts in den Burgweg und an der **Erprather Straße** nach links, um wieder zum Nordufer der Erft zu gelangen. Hinter der Brücke nach rechts und wir wandern weiter am Ufer entlang bis zum Selikumer Park mit seinem **Wildgehege.** Hier halten wir uns weiterhin an der Erft und können kurz darauf einen kleinen Besuch im **Kinderbauernhof** einlegen.

Unsere Wanderung verläuft weiter auf dem Fuß- und Radweg am Erftufer, auf dem wir die **Gnadentaler Mühle** passieren, die Autobahn 57 unterqueren und gleich dahinter rechts auf einem **Barfußpfad** Erholung für unsere Füße erhalten können. Hier überqueren wir eine Straße und wandern weiter geradewegs parallel zur Erft. Kurz bevor wir wieder ein Wohnviertel erreichen, halten wir uns halb links, überqueren den Fluss ein letztes Mal und biegen gleich dahinter rechts ab, um nach wenigen Augenblicken zur Mündung der Erft in den Rhein zu gelangen. Hier befindet sich auch das **CAFÉ-RESTAURANT PANORAMA,** in dem wir uns von der Wanderung erholen können. ∎

CAFÉ-RESTAURANT PANORAMA

Grimmlinghauser Brücke 54
41468 Neuss
Tel. (0 21 31) 15 06 20
www.restaurant-
panorama-neuss.de

VENDÔME IM GRANDHOTEL SCHLOSS BENSBERG

**VENDÔME IM GRANDHOTEL
SCHLOSS BENSBERG**
Kadettenstraße 2
51429 Bergisch Gladbach
Tel. (0 22 04) 4 20
www.schlossbensberg.com/
de/restaurant-vendome

Eine 3-Sterne-Küche vom „Koch der Köche", der Beste der „Neuen deut-schen Schule", ein Vertreter der internationalen Kochelite, innovative Gourmetküche und erstklassige Weine: Das ist das Restaurant Vendôme im Grandhotel Schloss Bensberg. Es ist eines der renommiertesten Restaurants überhaupt und belegt auf der Weltrangliste Platz 2. Küchenchef Joachim Wissler hat seine 3 Sterne des Guide Michelin bereits im 10. Jahr, 19,5 Punkte im Gault Millau, 5 Feinschmecker „F" und viele internationale Preise gewonnen — mehr Erfolg im Genusssektor geht nicht. Dementsprechend exklusiv und hochwertig ist seine Speisekarte im Vendôme. Seit 2000 leitet er die Küche im Schlossrestaurant. Raffinierte Kunstwerke reihen sich in den Mehrgang-Menüs aneinander und erzählen kulinarische Geschichten. Vom 4-Gänge-Gourmet Lunch bis zum 10-Gang-Dinner werden nur die allerbesten Produkte der Welt verarbeitet. Bretonische Sardine, Saiblingskaviar, Mieral Perlhuhn, Seegraskrokant und Champagnereis – diese und noch viele weitere Köstlichkeiten werden im Vendôme serviert.

Darüber hinaus findet hier regelmäßig das „Festival der Meisterköche" statt. Sterneköche aus Portugal, Spanien, Italien, den Niederlanden, England, Japan und Deutschland stehen dann hinter den Töpfen. Die Crème de la Crème der internationalen Topküche trifft sich in Bergisch Gladbach, um für ein exklusives Feinschmecker-Publikum zu kochen. Dabei geben Joachim Wissler und seine renommierten Kollegen den Gästen einen besonderen Blick in die Kunst der Spitzengastronomie.

Das Vendôme verspricht luxuriöse Genussmomente im königlichen Ambiente. Das Restaurant gehört zum hochkarätigen 5-Sterne-Grandhotel Althoff Schloss Bensberg, kann aber natürlich auch ohne Hotelaufenthalt besucht werden. Die prachtvolle Kulisse des Prunkhauses aus dem 18. Jahrhundert und der Panoramablick bis nach Köln verleihen dem ganzen Ort ein Luxusflair, das im Rheinland unübertroffen ist.

Restaurant *Vendôme*

NATURSCHUTZ IM RHEINBOGEN

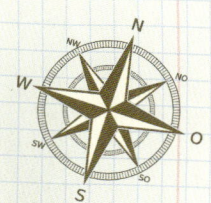

Länge: 19,4 km

Wanderzeit: 6,5 Stunden

Schwierigkeit: mittel

Höhenmeter: 155 m

Start/Ziel: Rheinfährstraße 214, 41468 Neuss (GPS51.166311, 6.794201)

Parkplätze: Rheinfährstraße/Ecke Deichstraße

ÖPNV: Bushaltestelle Deichstraße, Neuss-Uedesheim

Verpflegung: Rheinterrasse Uedesheim

Jahreszeit: Sommer; am Wochenende

Rundweg

Ausrüstung: Kleingeld für die Fähre (Übersetzen nur am Wochenende möglich)

Die Tour für Tierfreunde

Gleich zwei Naturschutzgebiete auf einer Wanderung! Die Chancen sind also groß, viele Tiere beobachten zu können.

Die Wanderung beginnt mit der Durchquerung des Naturschutzgebiets Uedesheimer Rheinbogen, wo Gartenrotschwanz, Baumfalke und Steinkauz zu Hause sind. Aber auch Grashüpfer, Schmetterlinge und viele andere Kleinlebewesen teilen sich mit uns den Wanderweg. Nach einer kurzen Reise in die römische Geschichte und einem Blick in die Welt der Brückenarchitektur erreichen wir am Rheinufer das Naturschutzgebiet Himmelgeister Rheinbogen. Wer die genannten Tiere bis hierher also noch nicht gesehen hat, der bekommt jetzt erneut die Gelegenheit dazu. Darüber hinaus besticht das Naturschutzgebiet mit einer Vielzahl von Insekten, die sich an den farbenfrohen Blumen auf den Wiesen rund um den Itterdamm gütlich tun. Unterwegs am Wasserwerk Flehe lassen wir uns mit kostenlosem und frischem Trinkwasser versorgen und beschließen den Wandertag mit einer gemütlichen Überfahrt auf der Fähre zwischen Himmelgeist und Uedesheim.

NATURSCHUTZ IM RHEINBOGEN

Wir starten von unserem Ausgangspunkt an der UE-DESHEIMER RHEINTERRASSE direkt in das NATURSCHUTZGEBIET UEDESHEIMER RHEINBOGEN.

Und zwar begeben wir uns hierfür auf den **Rheindeich** und haben den Strom zu unserer rechten Seite. Auf dem Damm lassen wir unmittelbar die letzten Häuser von Uedesheim, heute ein Stadtteil von Neuss, hinter uns. Das Gebiet des heutigen Uedesheim war schon von den Römern besiedelt und über eine Straße an das römische Wegenetz angeschlossen. Später folgten die Franken und im 13. Jahrhundert stand hier ein Haupthof des Quirinusstifts. Den Zerstörungen während des Truchsessischen und des Dreißigjährigen Krieges folgte die Besetzung durch napoleonische Truppen.

Wir bleiben auf unserem Weg, der schon nach kurzer Zeit in einen schmalen Pfad übergeht. In weiten Kurven wandern wir zwischen Feldern und an einzelnen Bäumen entlang. Manche von ihnen bilden kleine Wäldchen und bieten Platz für die Vogelwelt des Naturschutzgebietes. Zu ihnen zählt zum Beispiel der Gartenrotschwanz, der hier brütet und im Jahr 2011 zum Vogel des Jahres gewählt wurde. Zu erkennen ist er an seiner rostroten Farbe an Brust und Flügelunterseite. Markant ist beim Männchen ein weißer Streifen, der über die Stirn bis zu den Ohrendecken verläuft.

Seitenwechsel

Während wir also aufmerksam die Natur beobachten, wandern wir im großen Bogen parallel zum Rheinufer entlang und nähern uns der stattlichen **Fleher Brücke,** benannt nach dem südlichen Düsseldorfer Stadtteil. Fürs Erste unterqueren wir sie nur. Dabei bleibt unsere Wanderung weiterhin geradeaus und naturreich, trotz der Autobahnbrücke. Rund 1300 Meter legen wir hinter der Brücke nun zurück, bis

RHEINTERRASSE UEDESHEIM

Deichstraße 16
41468 Neuss
Tel. (0 21 31) 1 33 70 26
www.rheinterrasse-uedesheim.com

NSG UEDESHEIMER RHEINBOGEN
Geprägt ist das Gebiet von Grünlandflächen, Weidengebüschen und Kopfbaumreihen. Besonders zum Rheinufer hin sieht man zahlreiche Kopfweiden und den Streifen eines Weidenauenwaldes. Hinzu kommen die Feuchtareale. Neben dem Gartenrotschwanz sieht man Braunkehlchen, Graureiher, Rotschenkel, Teichrohrsänger und Bekassine. Als Greifvogel wird man den Baumfalken erspähen können, während man für den Steinkauz schon etwas mehr Glück haben muss. Für den Feldgrashüpfer ist der Uedesheimer Rheinbogen der einzige Standort in Nordrhein-Westfalen linksseitig des Rheins.

wir zu den ersten Häusern von **Neuss-Grimlinghausen** gelangen. Wir wenden uns nach links und erreichen die kleine Straße, die Grimlinghausen mit Uedesheim verbindet. Auch wenn unser Weg an der Straße augenscheinlich weniger attraktiv ist als die Wanderung durch das Naturschutzgebiet, entscheiden wir uns für diesen, biegen an einer **Gabelung** in den halb rechts abzweigenden Weg. Denn schon nach etwas über 500 Metern kommen wir zu der Rekonstruktion eines **römischen Wachturms.** Er wurde 1991 – und damit vermutlich 1900 Jahre nach der Errichtung des Originals – erbaut. Der ursprüngliche Turm war Teil eines Kleinkastells, das sich etwas weiter in Richtung

NIEDERGERMANISCHER LIMES

Die römische Provinz Germania magna (Großes Germanien) zog sich östlich des Rheins bis hin zur Weichsel im heutigen Polen. Westlich des Rheins hingegen breitete sich die Provinz Germania inferior (Niedergermanien) über das heutige Deutschland, Belgien und die Niederlande aus. Beide Provinzen wurden durch den Niedergermanischen Limes zwischen der Nordsee und Rheinland-Pfalz getrennt.

SCHLOSS MICKELN

Schon seit dem frühen 13. Jahrhundert gab es an gleicher Stelle das Haus Mickeln, das im Jahr 1836 jedoch bei einem Brand vollkommen zerstört wurde. Ersetzt wurde es durch das heutige Schloss, das als Sommerresidenz für den Herzog Ludwig von Arenberg gebaut wurde. Abgesehen von der Freitreppe sieht das würfelförmige Gebäude und heutige Tagungszentrum von jeder Seite gleich aus.

Uedesheim auf der anderen Straßenseite befand und wahrscheinlich von Ende des 1. bis Mitte des 3. Jahrhunderts genutzt wurde. Damit war das Kastell Teil des NIEDERGERMANISCHEN LIMES, der sich entlang des Rheins erstreckte.

Wir gehen weiter geradeaus und verlassen die Straße an einem Hof halb links. Der Weg führt uns parallel zur Autobahn bis zu einer **Gabelung,** an der wir uns halb rechts wenden. Die nun folgende Wanderung entlang der Autobahn 46 ist notwendig, um zum anderen Rheinufer zu gelangen. Während also zu unserer Rechten die Autos an uns vorbeirauschen, blicken wir von der **Fleher Brücke** hinab auf den breiten Strom sowie auf den Kirchturm von Volmerswerth und natürlich den Düsseldorfer Fernsehturm.

Nach Überquerung des Rheins verlassen wir die Fleher Brücke gleich an der ersten Möglichkeit, halten uns links und unterqueren das Bauwerk auf der schmalen Straße **Fleher Deich.** Wir folgen dem Sträßchen durch einen Wald bis zu einer weiteren Straßenunterführung, vor der wir uns nach rechts auf die **Himmelgeister Landstraße** wenden. Nach kurzer Zeit erreichen wir das **Wasserwerk Flehe,** das das älteste von vier Wasserwerken in Düsseldorf ist. Der Betrieb wurde im Jahr 1870 aufgenommen. Anlass hierfür war eine vorausgehende Cholera-Epidemie mit über 100 Todesopfern. Heute versorgt allein dieses Wasserwerk über 600.000 Menschen mit frischem Trinkwasser – und wenn wir möchten, dann auch uns. Links neben dem Hauptportal befindet sich ein öffentlicher Trinkwasserbrunnen, der künstlerisch mit drei Fischen, aus denen das Wasser sprudelt, gestaltet wurde. Hier kann man sich kostenlos mit Trinkwasser versorgen.

Im Rheinbogen

Auf der Landstraße wandern wir weiter geradeaus durch den Wald und biegen beim Verlassen gleich

dahinter rechts ab, um uns wieder dem Rheinufer zu nähern. Dort angekommen, wandern wir an diesem nach links und gelangen in den Düsseldorfer Stadtteil Himmelgeist. An der Gaststätte Rheinfähre biegen wir scharf links ab auf die Straße **Alt-Himmelgeist** und erreichen kurze Zeit später die Zufahrtsstraße von SCHLOSS MICKELN.

Dahinter folgen wir halb rechts der Allee namens **Am Mickeler Busch** und wandern zwischen mehreren Feldern geradewegs zu einer **T-Kreuzung,** an der wir links abbiegen. Gleich an der ersten Möglichkeit, noch vor den ersten Häusern, wenden wir uns nach rechts und gelangen zum **Wasserwerk Holthausen,** dem jüngsten der vier Düsseldorfer Wasserwerke. Rechts und sofort wiederum nach links wandern wir durch die Straße **Wiedfeld** an einem Modellflugplatz vorbei bis zu einem Campingplatz, vor dem wir uns erneut nach rechts wenden. Nun wandern wir auf dem **Itterdamm** geradeaus, bis wir wieder nur wenige Meter vor dem Rhein stehen und den Ausblick auf das Wasser vom Kieselstrand aus genießen können. Wir halten uns rechts und folgen einem der Trampelpfade, die durch das hiesige NATURSCHUTZGEBIET HIMMELGEISTER RHEINBOGEN führen.

Im weiteren Bogen erreichen wir nach einer naturreichen Wanderung die Anlegestelle der **Rheinfähre** zwischen Himmelgeist und Uedesheim. Mit ihr setzen wir gemächlich ans andere Ufer zu unserem Ausgangspunkt über. ■

NSG HIMMELGEISTER RHEINBOGEN

An einer Weggabelung im Naturschutzgebiet Himmelgeister Rheinbogen stand die frei stehende Himmelgeister Kastanie, die auf ein Alter zwischen 150 und 200 Jahren geschätzt wurde und sogar eine eigene, offizielle Adresse nebst Briefkasten der Deutschen Post besaß. Im Dezember 2015 wurde der Baum bis auf einen Stamm von fünf Metern Höhe gefällt und zu einer Holzskulptur umgestaltet.

TREIDELN IN STÜRZELBERG

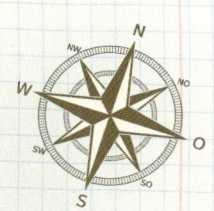

Länge: 23,9 km

Wanderzeit: 7 Stunden

Schwierigkeit: schwer

Höhenmeter: 197 m

Start/Ziel: Herrenweg 25, 41541 Dormagen-Zons
(GPS 51.125545, 6.849973)

Parkplätze: Herrenweg, 41541 Dormagen-Zons

ÖPNV: Bushaltestelle Zollstraße, Dormagen-Zons

Verpflegung: Fährhaus Pitt Jupp,
zahlreiche Einkehrmöglichkeiten in der Altstadt von Zons

Jahreszeit: Sommer

Rundweg

Die sportliche Tour

Mit einer Länge von fast 24 Kilometern gehört diese Wanderung zu denen, für die man ein wenig Kondition mitbringen sollte.

Doch trotz der Länge kann die Angabe zu den Höhenmetern vernachlässigt werden, denn fast die gesamte Wanderung verläuft in den Rheinauen bei Zons. Zudem bietet die Wanderung ein kleines Bonbon, denn man kann sie sich durch die vielzähligen Einkehrmöglichkeiten ganz nach Belieben einteilen. Wer sich gleich zu Beginn der Tour stärken möchte, kann dies gerne tun. Genauso gut kann man sich natürlich auch am Ende für den langen Weg mit einem leckeren Essen belohnen. Doch auch nach der Hälfte der Wanderung besteht die Möglichkeit, sich in Zons eine ausgiebige Pause zu gönnen. Denn auf der Tour wechselt man die Rheinseite gleich in der Nähe der Zonser Stadtmauer und hat so die Gelegenheit, den zweiten Teil der Wanderung durch die Urdenbacher Kämpe auf später zu verlegen. Aber wer will das schon, bei so einer schönen Landschaft, die sich rechts und links des Flusses in den Altarmen des Rheins erstreckt und in der die beiden Naturschutzgebiete Zonser Grind und Urdenbacher Kämpe entstanden sind? So bietet die Länge der Wanderung den Vorteil, dass man sicherlich Gelegenheit hat, die Flora und Fauna in den malerischen Rheinauen zu entdecken und zu beobachten.

TREIDELN IN STÜRZELBERG

Die Besichtigung des kleinen Städtchens **Zons** sollten wir uns für den Abschluss der Wanderung aufbewahren und sie mit einer Einkehr in einer der zahlreich vorhandenen Gastronomien verbinden und beenden. Daher verlassen wir den **Parkplatz** über die Rampe und wenden uns zunächst einmal nach links. Den Rhein haben wir dann zu unserer rechten Seite, lassen ihn aber gleich an der ersten Kreuzung ebenfalls hinter uns und drehen uns erneut nach links. Durch die kurze Allee namens **Alter Flügeldeich** gelangen wir bis zur **Deichstraße** und biegen ein drittes Mal nach links ab. Schon nach wenigen Metern folgt auf der rechten Seite die Nesselrodestraße, in die wir nun endlich auch mal nach rechts einbiegen können. Wir durchqueren auf ihr ein gepflegtes Wohnviertel und gelangen zu einer **T-Kreuzung.** Hier wenden wir uns nach links in die **Goltsteinstraße** und spazieren bis zur quer verlaufenden **Stürzelbergstraße.** Noch befinden wir uns im moderneren Teil von Zons. Wir wenden uns nach rechts und wandern entlang der Stürzelberger Straße, bis wir nach 170 Metern an der zweiten Einmündung in die **Westerburgstraße** links einbiegen.

In einer Kurve sehen wir rechts neben **Haus Nummer 20** einen schmalen Durchgang, durch den wir zur **Rheinberger Straße** gelangen. Rechts und links unseres Weges passieren wir nur noch jeweils drei Häuser und verlassen nun den Siedlungsbereich. Vor dem **Heidehof** biegen wir rechts ab und finden uns schon nach wenigen Augenblicken zwischen weiten Feldern wieder. Wir bleiben auf dem schnurgerade verlaufenden Landwirtschaftsweg und steuern auf den **Lindenhof** zu. Gleich nebenan bietet die Bauernkäserei ihre Produkte zum Verkauf an. Wer noch ein wenig Platz in seinem Rucksack hat, der kann sich nicht nur mit Milch, Quark oder Joghurt eindecken. Auch eine große Auswahl an Käsesorten, die vom Butter-

käse über den Kümmelkäse bis zum herzhaften Räucherkäse reicht, wird hier angeboten. Fast alle Käsesorten basieren auf dem Jungen Stürzelberger, benannt nach der Ortschaft, die wir auf unserer Wanderung als Nächstes erreichen werden.

Wir wandern auf dem Traktorpfad weiter geradeaus durch die Felder, passieren einen Spargelhof auf der linken Seite und gelangen am Ortsrand von **Stürzelberg** an eine **T-Kreuzung.**

Wir biegen rechts ab und gehen unmittelbar darauf links in einen kleinen Weg, der uns zum Wendehammer des **Oleanderwegs** bringt. Diesem folgen wir bis zu einem Kreisverkehr, an dem wir zwischen den

NSG ZONSER GRIND

Das Zonser Grind bildet eine Halbinsel am linken Rheinufer und umfasst das gesamte Gebiet zwischen Stürzelberg und Zons. Das Naturschutzgebiet ist fast vollkommen unbebaut und besteht überwiegend aus Futterwiesen, die von Pappelreihen unterbrochen werden. Mit ein wenig Geduld kann man hier Steinkäuze und Pirole entdecken. Letztere sind besonders gut an ihrem schwarz-gelben Federkleid zu erkennen.

FÄHRHAUS PITT JUPP

Über 150 Jahre besteht bereits das Fährhaus Pitt Jupp. Verständlich, dass man in der fünften Generation der Betreiberfamilie stolz auf dieses Alter ist. Im Jahr 1863 wurde das Restaurant eröffnet und zwei Jahrzehnte später als Fährhaus erweitert. Die Fähre nach Düsseldorf-Benrath wurde nach über einem Jahrhundert eingestellt, doch der zum Fährhaus gehörende Campingplatz existiert noch heute.

Grind 6, 41541 Dormagen
Tel. (0 21 33) 22 01 22
www.faehrhaus-grind-jupp.de

Häusern 2 und 2 a einen weiteren schmalen Weg sehen, der uns zur Stifterstraße führt, auf der wir durch eine Linkskurve bis zur **Brentanostraße** weiterwandern. Rechts abbiegend durchqueren wir ein Wohnviertel von Stürzelberg, gehen bis zum Ende der Straße und wenden uns erneut nach rechts in die **Fahrtstraße.** An der **Schulstraße,** die Hauptstraße von Stürzelberg, biegen wir nach links ab, bis wir an einer Kreuzung mit der Oberstraße das Zentrum von Stürzelberg erreichen. Wir gehen nach rechts bis zum halbmondförmigen **Dorfplatz** mit dem Ehrenmal und dem TREIDELDENKMAL AM LEINPFAD.

Dahinter betreten wir den Leinpfad nach rechts und wandern in das NATURSCHUTZGEBIET ZONSER GRIND.

Grüne Landschaften

Auf dem Weg halten wir uns geradeaus, überqueren nach kurzer Zeit die Zufahrt zu einem Campingplatz, der sich links von uns direkt am Rheinufer befindet, und wandern ein kurzes Stück auf einem ausgetretenen Pfad bis zu einem gut ausgebauten Weg. Halb links sehen wir eine Weggabelung, an der wir uns für den rechts abzweigenden Weg entscheiden. Gleich darauf folgt eine weitere Gabelung. Hier haben wir die freie Auswahl: Der halb links verlaufende Weg bringt uns im weiten Bogen auf einem gut ausgebauten Weg bis fast an die Nordspitze des Zonser Grinds, wo das FÄHRHAUS PITT JUPP auf uns wartet.

Auf dem rechten der beiden Wege wandern wir unter den Schatten spendenden Baumkronen einer Allee einmal quer durch das **Naturschutzgebiet,** was uns möglicherweise mehr Einblicke in die Fauna des Gebietes beschert. Beide Wege enden am Campingplatz beim Fährhaus, wo wir uns nach rechts wenden und parallel zum **Rheinufer** weiterwandern. Auf einem schmalen Weg genießen wir das Zonser Grind zu unserer rechten und den Fluss auf der linken Seite. Rund zweieinhalb Kilometer wandern wir so durch

FÄHRE VON ZONS NACH URDENBACH

Der Rheinfährbetrieb W. Jansen & Söhne überquert die Strecke von Zons nach Urdenbach mit einer 30 Tonnen schweren Fähre aus dem Jahr 1970. Sie kann 17 PKWs und bis zu 190 Personen befördern. Sie pendelt im Viertelstundentakt und benötigt rund 4 Minuten für die Überfahrt. Dabei muss der Fährmann die Fließgeschwindigkeit des Rheins sowie die jährlich 200.000 verkehrenden Binnenschiffe im Blick haben.

URDENBACHER KÄMPE

Das Naturschutzgebiet Urdenbacher Kämpe ist ein Überschwemmungsgebiet zwischen dem Rhein und einem seiner Altarme. Es entstand im 14. Jahrhundert, als der Rhein bei einem Hochwasser sein Flussbett wechselte. So lag Haus Bürgel, das aus einem römischen Kastell hervorging, früher linksrheinisch. Heute beherbergt es eine Biologische Station.

die grüne Landschaft, bis wir wieder die ersten Häuser von Zons erblicken. Es sind die Gebäude des **Wassersportclubs,** wie auch die Boote und Yachten im näheren Umfeld unschwer erkennen lassen.

Gleich dahinter biegen wir links ab und erreichen den Anleger der FÄHRE VON ZONS NACH URDENBACH. (Wer erst eine Pause benötigt, wendet sich nach rechts in die Altstadt von Zons.)

An Bord genießen wir die kleine Pause und die gemächliche Überfahrt zum rechtsrheinischen Ufer. Nach dem Anlegen biegen wir gleich rechts auf einen schmalen Pfad in Ufernähe ab. Damit befinden wir uns in einem weiteren Naturschutzgebiet, das den Namen URDENBACHER KÄMPE trägt und mit seiner Flora und Fauna eine erholsame Wanderzeit verspricht.

Am Altrhein

Der Weg verläuft auf einem schmalen Pfad bis zu einem Campingplatz, vor dem wir halb links weiterwandern. An einem Abzweig wenden wir uns scharf nach links und folgen dem Weg, der durch einen Wald und entlang einer Baumreihe bis zu einer **T-Kreuzung** führt. Hier wenden wir uns nach rechts und gelangen augenblicklich zur **Biologischen Station im Haus Bürgel.**

Anschließend überqueren wir an einer Haltestelle den **Baumberger Weg,** lassen ein Privatgrundstück rechts liegen, biegen aber gleich hinter dem dazugehörigen Wäldchen rechts ab. Rund einen halben Kilometer wandern wir zwischen den weiten Feldern der **Urdenbacher Kämpe,** bis wir eine Aussichtsplattform erreichen. Auf einer Informationstafel wird der einstige Verlauf des Urdenbacher Altrheins erläutert.

Wir biegen links ab und wandern auf einem idyllischen Pfad unter dichtem Blattwerk der Bäume. Sowohl zu unserer Linken als auch zu unserer Rechten sucht sich der **Urdenbacher Altrhein,** der in seinem Oberlauf auch als **Garather Mühlenbach** bekannt ist,

seinen Weg durch das malerische Naturschutzgebiet. Mit diesem Idyll wandern wir einige Zeit in einem weiten Linksbogen durch die Urdenbacher Kämpe. Immer wieder streift unser Blick über kleine naturbelassene Tümpel und Teiche, auf denen eine dünne Moosschicht zu schwimmen scheint. Nach einiger Zeit überqueren wir auf einer **Holzbrücke** den linken Lauf des Urdenbacher Altrheins, der dann unter unseren Füßen zusammenfließt.

Wenig später mündet der Wanderweg in den **Stümpeweg,** der an der uns bekannten Landstraße **Baumberger Weg** endet. Wir überqueren sie und setzen unsere Wanderung auf dem **Ortweg** fort, der uns wieder bis kurz vor den Rhein geleitet. Am Flussufer halten wir uns links und wandern durch die Rheinauen gemütlich zur Fähre zurück. Ein weiteres Mal überqueren wir den Rhein mit der Autofähre, wenden uns gleich dahinter links auf den **Leinpfad** und biegen an der ersten Möglichkeit rechts ab. Wir passieren einen Großparkplatz und können an dieser Stelle in wenigen Schritten rechts zu unserem Ausgangspunkt gelangen. Doch halb links wartet nun die Besichtigung der **Feste Zons** auf uns. Das mittelalterliche Städtchen erreichen wir durch einen Gang durch den Rheinturm, womit wir uns auf der Rheinstraße befinden und entlang der **Stadtmauer** zum **Türmchen Pfefferbüchse** gelangen. Gleich dahinter besteht auf der rechten Seite die Möglichkeit, den Kräutergarten zu besichtigen oder das **Schloss** bzw. das Kreismuseum zu besuchen. Über die Schloßstraße gelangt man zum **Juddeturm,** der sich auf der linken Seite befindet, und zum **Schweinedenkmal** am westlichen Ausgang des mittelalterlichen Städtchens. Zu guter Letzt bleibt noch die **St. Martinuskirche** auf der rechten Seite, bevor wir uns mit einer Einkehr in eines der vielen Lokale für die lange Wanderung durch die Natur belohnen. ◼

NEPTUNBAD
Neptunplatz 1
50823 Köln
Tel. (02 21) 71 00 71
www.neptunbad.de

Abseits der belebten Venloerstraße bietet das Neptunbad in Köln-Ehrenfeld Entspannung der Extraklasse. 1912 als erste neuzeitliche Badeanstalt der Kölner Vororte erbaut, ist das Bad heute mit zwei veschiedenen Saunabereichen ein kleines Wellnessparadies. Hier vereinen sich historische Architektur und moderne chinesische Baukunst.

Im unter Denkmalschutz stehenden Innenbereich laden ein römisches Dampfpad, ein orientalisches Hamam und ein Kaiserbad im Jugendstil zur Erholung ein. Ätherische Öle und wechselndes warmes Licht verleihen der historischen Saunalandschaft ein einmaliges Flair. Dabei schmücken türkise, blaue und weiße Kacheln die Badelandschaft, die vor allem eines ist: wohltuend ruhig.

Inmitten dieses königlichen Ambientes sind die Unterwasserklänge im Kaiserbad ein ganz besonderes Highlight. Während man auf dem 37 °C warmen Wasser vor sich hin treibt, kann man meditativen Melodien lauschen. Neptun, der römische Gott des Wassers, hätte hier sicher seinen Frieden gefunden.

Die moderne Saunalandschaft bietet drinnen wie draußen ein außergewöhnliches Wellnesserlebnis. Zahlreiche warme Bäder im Zen-Garten, ein großer überdachter Pool, Sonnenterrassen und verschiedene Saunen zwischen 60 °C und 90 °C machen das Neptunbad auch in den kalten Monaten zu einem wahren Erlebnis. Täglich bis zu 25 Aufgüsse kann man hier zwischen 10 Uhr morgens und 23 Uhr abends genießen – vom Aroma-Salz-Peeling bis hin zum 90 °C-Aufguss mit anschließendem Eistee zur Erfrischung. Wem das noch nicht Erholung genug ist, bucht sich eine exklusive Massage oder gönnt sich eine der vielen kulinarischen Kreationen im Jugendstil-Restaurant.

Abgerundet wird das Angebot des Neptunbads durch das reichhaltige Sportangebot. In einer mit Blattgold verzierten Halle findet man auf über 5.000 m² Fitnesskurse, Yogaangebote sowie Kraft- und Ausdauergeräte. Für jeden Sportfan ist hier das richtige Programm dabei.

Noch ein Tipp: Der 4-Stunden-Tarif bietet sich vor allem für Erholungssuchende nach Feierabend an.

STADTISCHE · BADEANSTALT
NEPTUNBAD

UNTERWEGS IN DER WAHNER HEIDE

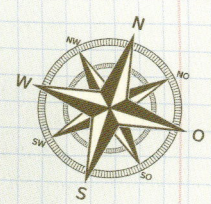

Länge: 18,6 km

Wanderzeit: 6,5 Stunden

Schwierigkeit: mittel

Höhenmeter: 189 m

Start/Ziel: Alte Kölner Straße, 51147 Köln (GPS 50.886770, 7.107437)

Parkplätze: Parkstreifen an der Alten Kölner Straße, Köln

ÖPNV: Bushaltestelle Grengel, Mauspfad, Köln

Verpflegung: Rucksackverpflegung nicht vergessen!!

Jahreszeit: Frühling

Rundweg

Die Langschläfertour

Für diese Wanderung muss man es nicht eilig haben und schon gar nicht früh aufstehen.

Ganz im Gegenteil, weite Teile dieser Tour verlaufen durch den Wald, wo uns die Baumkronen vor der brütenden Mittagssonne schützen und wir am frühen Morgen womöglich noch leicht frösteln würden. Bei der Wanderung kommen wir auch an der Start- und Landebahn vom Köln-Bonner Flughafen vorbei. Wer hier Flugzeuge fotografieren möchte, hat dafür ohnehin den ganzen Tag Zeit. Am frühen Morgen würde das Gegenlicht nur stören. Später erreicht man noch die sogenannten Becken in der Wahner Heide, in der gute Chancen bestehen, Wildtiere zu sehen. Doch bekanntermaßen kommen die erst zur Dämmerungszeit zum Vorschein. Sollte es trotzdem nicht klappen, sie zu Gesicht zu bekommen, dann wäre das Wildgehege Königsforst eine hervorragende Alternative. Man kann diese Wanderung also ganz gelassen angehen und sich frühmorgens ruhig noch einmal umdrehen, bevor es dann nach dem gemütlichen Frühstück heißt: Ab durch die Wahner Heide sowie durch den Königsforst und hinauf auf den höchsten Punkt von Köln, dem Monte Troodelöh.

UNTERWEGS IN DER WAHNER HEIDE

Der Parkstreifen an der Alten Kölner Straße, östlich
von Köln-Porz, ist unser Ausgangspunkt für die Wanderung, die in der Wahner Heide beginnt und durch
den **Königsforst** führen wird. Wir gehen zunächst ein
Stück an der Straße entlang und wenden uns gleich an
der ersten Möglichkeit nach rechts. Nach der Durchquerung eines kurzen Waldstückes breitet sich vor
uns ein kleiner Teil der WAHNER HEIDE aus.

Das Gebiet, in dem wir uns gerade befinden, wird
auch als Nordschneise bezeichnet und verläuft tatsächlich schneisenartig durch den Wald. Wir biegen
nach links ab und wandern durch das scheinbare Idyll
der Grünlandschaft. „Scheinbar" deswegen, weil wir
uns nicht erschrecken sollten, wenn über unseren
Köpfen ganz unvermittelt ein Flugzeug auftaucht und
wir das Gefühl bekommen, dem Piloten in die Augen
blicken zu können. Zu unserer Rechten erkennen wir
nämlich den nördlichen Bereich der Start- und Landebahn vom KÖLNER FLUGHAFEN und in den meisten Fällen
sind wir hier nicht alleine unterwegs.

Abgesehen von den Flugpassagieren, die über uns
hinwegsausen, ist am Zaun des Flughafens der eine
oder andere Planespotter unterwegs, um die landenden Maschinen zu fotografieren. Oder ein technik-
interessierter Familienvater zeigt seinen Kindern die
eindrucksvollen Landungen, die man von diesem Ort
aus wirklich sehr gut und auch einfach mal aus einer
ungewohnten Perspektive beobachten kann.

Unter Militärschutz

Nach dem Arrival am Flughafen starten wir wieder
durch und gehen geradeaus in den Wald hinein. Das
Gebiet wird auch gerne als **Maikammer** bezeichnet,
weil gerade im Wonnemonat die hiesigen Stielei-
chen-Hainbuchenwälder zu blühen beginnen und
zusammen mit den Maiglöckchen nicht nur ein
schönes Bild abgeben, sondern auch mit ihrem Duft

betören. An einer T-Kreuzung wenden wir uns nach links und überqueren schon bald wieder die **Alte Kölner Straße.** Auf der anderen Straßenseite gehen wir gleich wieder in den Wald hinein, wandern durch eine leichte **Rechtskurve,** bis wir uns nach rund 350 Metern halb links halten und wenig später den **Mühlenweg** überqueren. Wir treffen auf eine **T-Kreuzung,** an der wir nach links abbiegen. Denn vor uns breitet sich das sogenannte **Becken 2** aus. Es ist eines von drei **Pionierübungsbecken,** die im letzten Jahrhundert durch Kiesabbau entstanden sind. Wir müssen beachten, dass die Landschaft, durch die wir heute so unbekümmert wandern können, früher in weiten

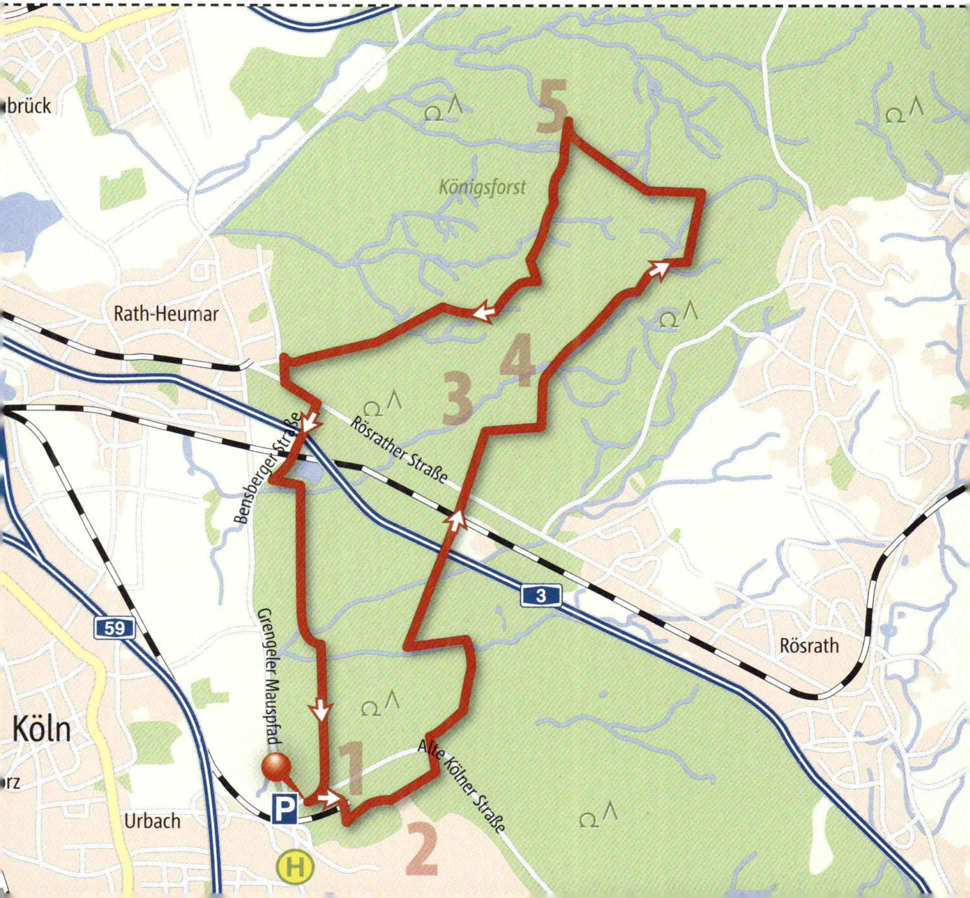

Teilen als Truppenübungsplatz genutzt wurde. Hier war auch das Sondermunitionslager, in dem südlich des Flughafens Atomwaffen gelagert wurden. Bis zum Jahr 2004 wurde der Platz für Truppenübungen des belgischen Militärs genutzt. Wegen der Gefahr, die von alten Sprengkörpern und Blindgängern ausgeht, ist das Verlassen der Wanderwege an vielen Stellen verboten. Und dennoch, auch wenn sich wohl niemand die Zeit, in der hier die Panzer rollten, zurückwünscht und durch diese Nutzung mit Sicherheit viele ökologische Schäden entstanden sind, man ist geneigt zu sagen, dass die militärische Nutzung für die Entwicklung dieser Landschaft auch Vorteile hatte. Weite Teile der Heide blieben dadurch erhalten und eine Vielzahl an Pflanzen und Tieren haben sich hier angesiedelt.

Im südlichen Teil der Wahner Heide wird die Flora und Fauna der Heide kostenfrei in einem kleinen Infozentrum jeden Sonntag erläutert. Außerdem werden von dort Spaziergänge durch die Heide angeboten. Apropos Spaziergang, auf unserer Wanderung biegen wir an der nächsten Möglichkeit rechts ab und erreichen einen kleinen Aussichtspunkt, von dem wir einen schönen Blick auf das Becken 2 genießen können. Mit etwas Glück sehen wir hier auch Rotwild, das sich manchmal auf dem freien Gelände aufhält.

Anschließend wandern wir auf dem **Rennweg** geradeaus, überqueren den **Kurtenwaldbach,** wo wir halb links zur alten Panzerverladestation gehen können, um einen Blick auf die mittlerweile zugewachsenen Bahngleise zu werfen. Zurück auf unserem Weg halten wir uns weiter geradeaus und erreichen eine **Brücke,** die uns über die Autobahn 3 hinwegbringt. Hier lohnt sich ein Blick nach links, denn dort sehen wir eine Grünbrücke, die im Jahr 2012 nach zweijähriger Bauzeit fertiggestellt wurde. Sie dient einzig und allein der Tierwelt, die hier zum ersten Mal seit dem Bau der Autobahn in den 1930er-Jahren wieder die

KÖNIGSFORST

Auf einer Fläche von über 25 Quadratkilometern erstreckt sich das Waldgebiet Königsforst als Teil des gleichnamigen Naturschutzgebietes. Das heutige Naherholungsziel mit seinen kilometerlangen Reit- und Wanderwegen gilt als Vogelschutz- und FFH-Gebiet. In der Vergangenheit war es lange Zeit vom Bergbau geprägt, bei dem in zahlreichen Gruben Erz abgebaut wurde.

Möglichkeit haben, von der Wahner Heide in den nördlicher gelegenen KÖNIGSFORST zu wechseln.

Auch wir gehen nun in den Königsforst hinein, passieren auf dem schnurgeraden Weg eine Baumschule, überqueren die Landstraße **Kölner Straße** und halten uns auf dem Rennweg noch rund 500 Meter geradeaus, bis wir rechts auf die **Schnacke Linie** abbiegen. Gleich an der ersten Möglichkeit wenden wir uns nach links auf den **Wolfsweg** und wandern auf einem schmalen kurvigen Weg zu einer großen Wegekreuzung, die bei Wanderern wegen des dortigen WASSERTRETBECKENS besonders beliebt ist.

Dieses wird vom **Giesbach,** der im Königsforst entspringt, mit Wasser gefüllt. Um das Tretbecken herum laden einige Sitzgelegenheiten zu einer Pause ein. An dieser Stelle befindet man sich übrigens am **Dreistädteeck,** an dem Bergisch-Gladbach, Rösrath und Köln aufeinanderstoßen.

Wir folgen dem Waldweg links neben dem **Wassertretbecken** geradeaus und passieren bald schon den Pionierweiher mit einem weiteren **Picknickplatz.** Nach der folgenden Überquerung des Giesbachs biegen wir an einer Schutzhütte links ab und gelangen zum ehemaligen **Bahnhof Forsbach,** von dem nicht mehr viel zu sehen ist. Einige Sitzgelegenheiten rund um einen Gedenkstein prägen den Platz. Der Bahnhof entstand Ende des 19. Jahrhunderts und war Teil der Bahnstrecke zwischen Köln-Mülheim und Lindlar. Doch schon zu Beginn der 1960er-Jahre wurde die Strecke kaum noch genutzt und war deshalb unrentabel, sodass das Bahnhofsgebäude mitsamt der Anlage im Jahr 1979 abgerissen wurde.

Wir wenden uns am ehemaligen Bahnhof nach links, gehen bis zur **Schutzhütte Kaisereiche** und halten uns an der Kreuzung halb rechts, um auf dem **Bergmannspfad** zum MONTE TROODELÖH zu gelangen, der sich wenig später etwas rechts von einer weiteren Kreuzung entfernt befindet.

WASSERTRETBECKEN
Vielerorts laden Wassertretbecken dazu ein, die Schuhe auszuziehen und durch das Wasser zu staken. Dabei wendet man den sogenannten Storchengang an, mit dem Sebastian Anton Kneipp das Wassertreten populär gemacht hat. Nach ihm werden solche Wassertretbecken auch als Kneippbecken bezeichnet. Er war es auch, der die Kneipp-Therapie entwickelte, bei der der Kreislauf angeregt wird.

An der Kreuzung, an Kölns höchstem Punkt, der gerade so eben noch auf Kölner Stadtgebiet liegt, wandern wir nach links in südliche Richtung und erreichen auf dem **Wolfsweg** den **Steinbruchsweg,** an dem wir nach rechts abbiegen. Dieser verläuft zunächst kurvig, später aber weitgehend schnurgerade durch den Königsforst. Wir überqueren den **Schiefer Hauweg,** hinter dem wir das **Wildgehege Königsforst** erreichen. Hier können wir den Wildschweinen, Rehen und Hirschen mit dem Futter aus dem Automaten eine kleine Freude machen.

Hinter dem Wildgehege biegen wir links ab zur **Rösrather Straße,** überqueren diese und halten uns links bis zur **Bensberger Straße,** an der wir uns nach rechts wenden. Für ein kurzes Stück gehen wir an der Straße entlang, weil wir hier die Autobahn unterqueren und eine Eisenbahnstrecke überqueren müssen. Wenige Meter hinter der **Eisenbahnbrücke** queren wir die Straße und gehen links wieder in die Wahner Heide hinein. Wir wandern geradeaus bis zu einem kleinen Aussichtspunkt, von dem wir auf das sogenannte Pionierbecken 3 blicken. Dort wenden wir uns nach rechts und wandern auf einem der Rundwege der Wahner Heide südwärts. Die **Eilerberg-Tour** ist mit einer gelben Libelle auf schwarzem Grund ausgeschildert und nur eine von vielen Rundwandermöglichkeiten, die vom Bündnis Heideterrasse in der Wahner Heide ausgearbeitet und angelegt wurden.

Auf dem **Kalkweg** halten wir uns stets geradeaus und überqueren nach einiger Zeit wieder den **Kurtenwaldbach,** um gleich dahinter einen Blick auf Becken 1 erhaschen zu können. Dort biegen wir rechts ab und wandern auf einem schnurgeraden Waldweg, der uns an seinem Ende direkt an unseren Ausgangspunkt an der Alten Kölner Straße bringt. Auf der gegenüberliegenden Straßenseite sehen wir den Parkplatz wieder.

MONTE TROODELÖH

Monte Troodelöh – was für ein Name! Er setzt sich aus den Nachnamen Troost, Dedden und Löhmer zusammen. Diese drei Herren waren Mitarbeiter der Stadtverwaltung und setzten auf den bis dahin noch unbenannten Berg ein Gipfelkreuz. Dass der Berg kein echter Gipfel ist, ist unverkennbar, dennoch ist er mit 118 Metern der höchste Punkt Kölns, dessen Besteigung man nicht verpassen sollte.

BURGENWANDERUNG IN ERFTSTADT

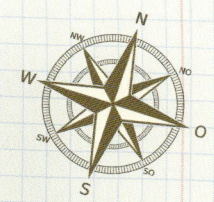

Länge: 26,8 km

Wanderzeit: 7,5 Stunden

Schwierigkeit: schwer

Höhenmeter: 147 m

Start/Ziel: Bahnhofstraße 136, 50374 Erftstadt (GPS 50.807545, 6.832722)

Parkplätze: Bahnhofstraße, 50374 Erftstadt

ÖPNV: Erftstadt Bf.

Verpflegung: Waldbiergarten

Jahreszeit: Winter

Rundweg

Ausrüstung: festes Schuhwerk, Wanderstöcke

Die Wintertour

Auch in der kalten Jahreszeit lässt es sich hervorragend wandern.

Gerade wenn die Temperaturen um den Gefrierpunkt liegen, der Himmel im kräftigen Blau erscheint und die Wälder etwas trostlos wirken, ist es Zeit, außerhalb der Wälder ein wenig Sonnenlicht zu tanken und auf einer fast durchgehend schattenlosen Tour von Burg zu Burg in Erftstadt zu wandern. Gleich sieben sind es an der Zahl, die man auf dem Rundwanderweg erleben kann und allesamt sind bzw. waren Wasserburgen. Manche von ihnen sind noch heute von einem breiten Wassergraben umgeben. Wie romantisch wirken diese erst, wenn sie zugefroren sind und ein leichtes Knacken zu vernehmen ist. Schloss Gracht, Burg Blessem, Burg Konradsheim, Landesburg Lechenich, Redinghovener Burg, Weiße Burg und Schloss Buschfeld lauten die Namen der stolzen Rittersitze und Herrenhäuser. Wir wollen sie der Reihe nach besuchen. Verbunden sind sie teilweise durch die Erft und den Rotbach, die uns auf unserer Wanderung begleiten werden. Doch keine Sorge, auch im Sommer, ohne dicke Kleidung, ist die Wanderung ein Erlebnis. Jedoch eindrucksvoller wirkt so manches historische Gebäude erst im Schnee oder wenigstens zwischen blattlosen Bäumen.

BURGENWANDERUNG IN ERFTSTADT

Am **Bahnhof** starten wir zu unserer Wanderrunde zu den Burgen und Schlössern rund um Erftstadt.

Die Stadt besteht aus einer Vielzahl von Orten, die erst 1969 zusammengelegt wurden. Keiner dieser Orte wurde als Hauptort definiert, sodass man den Namen vom Fluss ableitete. Traurige und bundesweite Berühmtheit erhielt die Stadt schon wenige Jahre später, als die RAF hier den Arbeitgeberpräsidenten Hanns Martin Schleyer festhielt.

Wir verlassen den Bahnhof ortseinwärts und wenden uns sogleich nach rechts, um den Parkplatz zu überqueren und der **Bahnhofstraße** zu folgen. Hinter einer Linkskurve sehen wir rechts einen Abzweig in den **Grubenweg,** der zum Waldbiergarten führt, den wir uns schon mal für später merken. Doch zunächst bleiben wir erst einmal auf der Bahnhofstraße und spazieren durch das **Zentrum von Liblar,** ein Wohn- und Geschäftsviertel.

In dem Ort, der heute ein Stadtteil von Erftstadt ist, gelangen wir nach einer kurzen Zeit zu einem Kreisverkehr und sehen dort auf der anderen Seite einen Wald, der Teil des **Parks von** SCHLOSS GRACHT ist.

Geradeaus durch den Wald mit seinem teilweise exotischen Baumbestand gelangen wir zu der gepflegten Grünanlage des Wasserschlosses, die sich im Stil eines Englischen Gartens präsentiert.

Vor dem Schloss wenden wir uns nach links und verlassen den Park in Richtung **Grachtstraße.** Auf ihr erreichen wir eine weitere Grünanlage an der **Bliesheimer Straße,** der wir in westliche Richtung folgen. Im Park zu unserer Linken fließt der **Liblarer Mühlengraben** gemächlich seines Wegs, während wir dort die Möglichkeit haben, auf einem Planetenweg etwas von den gewaltigen Entfernungen in unserem Sonnensystem zu erfahren. Gut, dass wir für unsere heutige Wanderung keine astronomischen Entfernungen zurücklegen müssen. Wir überqueren vielmehr die nach dem amerikanischen Innenminister be-

SCHLOSS GRACHT

In der zweiteiligen Burganlage aus dem frühen 16. Jahrhundert ist heute eine Außenstelle der European School of Management and Technology untergebracht. Doch ein Hauch von Internationalität schien Schloss Gracht schon immer zu umgeben. So wurde hier im Jahr 1829 Carl Schurz geboren, der später als erster gebürtiger Deutscher Senatsmitglied und Innenminister der Vereinigten Staaten von Amerika wurde.

BURG KONRADSHEIM

Die sehr gut erhaltene Burg Konradsheim entstand als Rittersitz im 14. Jahrhundert. Doch wir wollen uns nicht täuschen lassen, einige der heutigen Wirtschaftsgebäude entstanden erst im letzten Jahrhundert, als die Burg umfangreich renoviert und nach deutlichem Zerfall wiederaufgebaut wurde. Heute beherbergt sie mit ihren hübschen Ecktürmchen einen Golfclub sowie einige Veranstaltungsräume und ein Trauzimmer, in dem man sich in der historischen Kulisse das Ja-Wort geben kann.

nannte **Carl-Schurz-Straße** und wandern auf der **Frauenthaler Straße** geradeaus, bis zu unserer Rechten die kleine **Klarastraße** abzweigt. Sie bringt uns geradewegs durch ein Wohnviertel bis zur **Radmacherstraße,** wo wir links abbiegen und die Vorburg der ehemaligen **Burg Blessem** sehen können. Auch diese Burg war von einem Wassergraben umgeben, der stellenweise noch erkennbar ist. Mit dem barocken Türmchen und einem Torhaus zeigt sich die einstige Vorburg heute als schmuckes Wohnhaus.

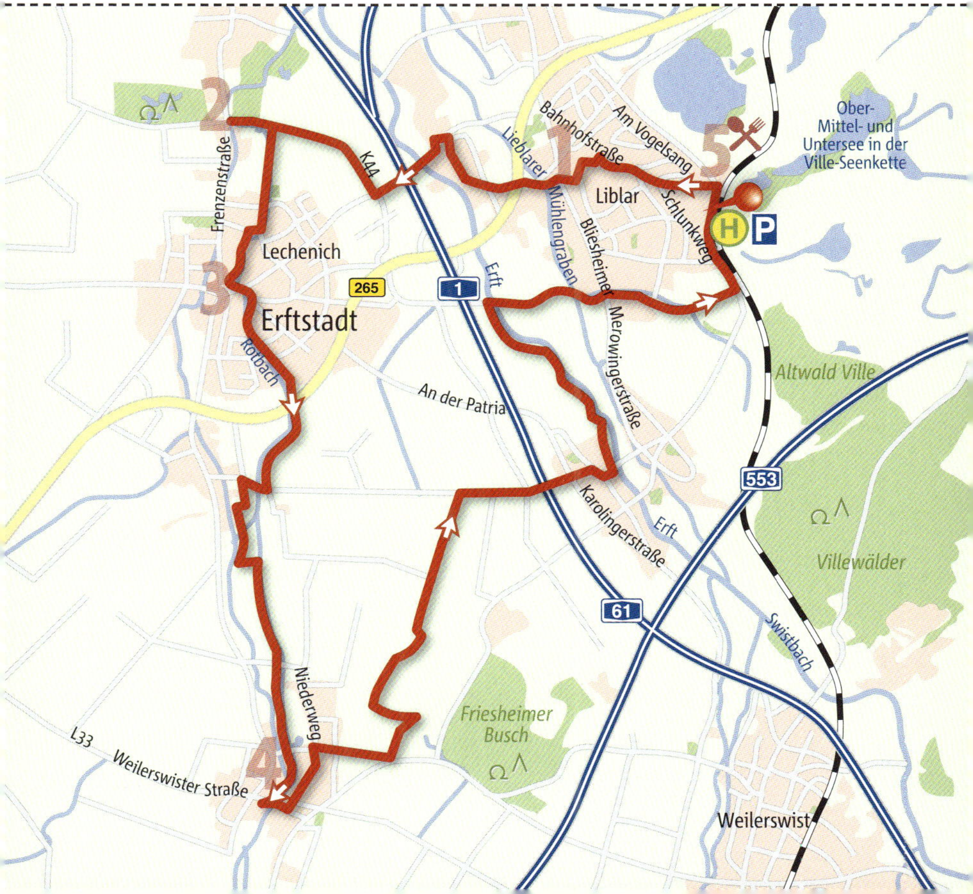

Hier biegen wir links ab, wandern am Gerätehaus der Freiwilligen Feuerwehr vorbei und wenden uns

an der ersten Möglichkeit nach rechts auf die Frauenthaler Straße. Sie ist es, die uns wenig später aus Blessem hinausführt und auf der wir zunächst die schmale Erft und gleich im Anschluss die Autobahn 1 überqueren. Es folgt ein Kreisverkehr, an dem wir dem Abzweig nach rechts folgen und parallel zu einer ruhigen Landstraße durch die Landschaft von Erftstadt wandern. Nach einer weiten Linkskurve erreichen wir schon die dritte Wasserburg auf dieser Wanderung, **BURG KONRADSHEIM.** Um einen Gesamteindruck der Anlage zu erhalten, sollten wir die Straße und den Parkplatz der Burg überqueren.

Von Burg zu Burg

Für unsere weitere Wanderung gehen wir die Straße ein Stück zurück, denn wir überquerten kurz vor der Burg Konradsheim den **Rotbach,** an dem auf seiner Ostseite ein schmaler **Landwirtschaftsweg** verläuft. Sein Name ist übrigens Programm, denn durch hohen Eisengehalt hat er oftmals eine rötliche Färbung.

Diesem folgen wir entlang des Baches bis zur Straße **Kölner Ring** in Lechenich. Auch dieser Ortsteil von Erftstadt beherbergt eine ehemalige Wasserburg. Um dorthin zu gelangen, folgen wir noch ein kurzes Stück dem Ufer des Rotbachs auf der gegenüberliegenden Straßenseite und überqueren wenig später eine Fußgängerbrücke nach rechts. Auf der **Richardstraße** biegen wir hinter dem **Haus Nummer 16** links ab und durchqueren gleich im Anschluss den **Burgpark.** Vom Schloss ist hier noch nicht viel zu sehen, da es sich inmitten des südlich angrenzenden Waldes erhebt. Über eine weitere Brücke in dem kleinen Wäldchen gelangen wir direkt zum Wassergraben der **LANDESBURG LECHENICH.**

Wir verlassen das Gelände der Landesburg über die Schlossstraße und biegen gleich links ab. An der mächtigen **St. Kiliankirche** mit ihrer barocken Haube auf dem Turm biegen wir abermals nach links ab

LANDESBURG LECHENICH
Nicht nur wir Wanderer sind in der Landesburg Lechenich zu Gast. Hier hielten sich a uch schon prominente Oberhäupter wie König Sigismund von Luxemburg oder König Friedrich III. auf, als sie auf dem Weg zur ihrer Krönung nach Aachen unterwegs waren. Auch der Habsburger Kaiser Karl V. übernachtete auf der Landesburg Mitte des 16. Jahrhunderts.

und erreichen auf der Steinstraße nach einer Rechtskurve das **Bonner Tor.** Es ist Teil der ehemaligen mittelalterlichen Stadtbefestigung von Lechenich. Auf seiner Ostseite folgen wir dem Fußweg zwischen Stadtgraben und Rotbach und erreichen die **Von-Gahlen-Straße**, an der wir wenig später auf einer kleinen Brücke den **Rotbach** überqueren. Dem Verlauf des Baches bleiben wir lange Zeit treu, bis wir zur **Mehlstraße** in Ahrem gelangen. Hier heißt es nun, für kurze Zeit das Gewässer zu wechseln. Wir gehen nach rechts und biegen direkt an der ersten Möglichkeit links ab. Ein schmaler Weg bringt uns bis zum **Lechenicher Mühlenbach,** vor dem wir abermals links abbiegen und seinem Lauf weiter in südliche Richtung folgen.

Ab durch den Busch

Nach einiger Zeit schwenkt der Weg aber wieder hinüber zum parallel verlaufenden Rotbach, der uns schließlich bis **Friesheim** bringt, wo wir auf die REDING-HOVENER BURG treffen – natürlich wieder eine Wasserburg.

Für eine Besichtigung der Burg mit seinem Torhaus, auf das eine Birkenallee zuläuft, überqueren wir den Rotbach. Ansonsten halten wir uns weiter geradeaus und wandern bis zur **Weißen Burg,** womit wir das halbe Dutzend an Wasserburgen geschafft haben. Ihrem Namen macht die Weiße Burg nicht mehr alle Ehre. Der Putz ist verwittert, und von der Anlage ohnehin nur noch die Vorburg erhalten. Der Rest fiel dem Zweiten Weltkrieg zum Opfer.

Mit der Weißen Burg haben wir den südlichsten Punkt unserer Schlössertour erreicht und wandern nun auf direkterem Wege wieder zurück zu unserem Ausgangspunkt. Mit der Burg im Rücken wenden wir uns auf der **Weilerswister Straße** nach rechts und biegen links in die Straße **Auf dem Kreuzberg** ein. Wir passieren die Kirche St. Martin und halten uns an der **Franz-Stryck-Straße** rechts. Sie geht in einen Feldweg

REDINGHOVENER BURG
Dem Maler Renier Roidkin aus der belgischen Wallonie ist es zu verdanken, dass es heute Ansichten der Redinghovener Burg im 18. Jahrhundert gibt. Denn wie auch wir wanderte er durch die Region – und hielt dabei die Besitztümer Kurkölns als Skizzen auf Papier fest. So unter anderem auch die Redinghovener Burg, die zum ersten Mal Ende des 14. Jahrhunderts namentlich erwähnt wurde.

über, an dessen Ende wir links abbiegen und zur **Landschaftspflegestation des NABU** gelangen.

Vor der Station wenden wir uns nach links, durchqueren nach rechts den **Friesheimer Busch** und wandern nach Verlassen des Waldes zwischen den Feldern geradeaus bis zur **Mehlstraße.** Rechts abbiegend überqueren wir die Autobahn 1 und zweigen in Bliesheim erst an der **Kallenhofstraße** nach links ab. Vor der Erft biegen wir erneut links ab und folgen dem Fluss auf einem gemütlichen Weg bis zur **Heinz-Cremer-Straße,** an der wir rechts abbiegen. Hinter dem **Liblarer Mühlengraben** haben wir zu unserer Rechten noch die Gelegenheit zu einem Abstecher zum letzten Wasserschloss, dem **Haus Buschfeld.** Es ist eine der ältesten Wasserburgen der Region und besteht aus einem spätbarocken Herrenhaus. Zurück auf unserem Weg halten wir uns geradeaus bis zu einer **T-Kreuzung** und biegen an dieser links auf den Schlunkweg ein. Rund 350 Meter hinter einem Kreisverkehr sehen wir halb rechts vor dem **Busbahnhof** die **Bahnhofstraße,** auf der wir wieder den Bahnhof von Erftstadt erreichen. Nun ist es Zeit, unsere Wanderung mit einer Einkehr in den WALDBIERGARTEN zu beenden.

WALDBIERGARTEN

Grubenweg 8
50374 Erftstadt-Liblar
Tel. (01 72) 2 52 00 26
www.waldbiergarten.eu

BRAUHAUS ZUR MALZMÜHLE

BRAUEREI ZUR MALZMÜHLE
Heumarkt 6
50667 Köln
Tel. (02 21) 92 16 06 13
www.muehlenkoelsch.de

Über 150 Jahre kölsche Braukunst, ein altes Familienrezept, echt und original seit 5 Generationen: das ist die Malzmühle in der Kölner Altstadt. Als ältestes Brauhaus auf dem Heumarkt steht das Traditionshaus seit 1858 mitten in der Altstadt und versorgt Kölner und Gäste mit dem bekannten Mühlen Kölsch. Nach dem Reinheitsgebot von 1516 wird hier in echter Handarbeit und mit Wasser aus dem eigenen Brunnen eine der beliebtesten Kölsch-Sorten gebraut. Ein exklusiver Genuss ist das auf Champagnerbasis gebraute Gourmetbier „Von Mühlen".

Zur Brauerei gehört auch ein Gasthaus, in dem die rheinische Lebensfreude und Gastfreundschaft hochgehalten werden. Der besondere Clou des Hauses ist mit Sicherheit der echt kölsche „Beichtstuhl". Im Eingangsbereich wird umgeben von Holz hinter einer Glasscheibe der Geschäftsbetrieb verwaltet. Tradition pur. In dem urigen Ambiente mit gemütlicher Einrichtung schmeckt das Mühlen Kölsch umso besser – stilecht von einem Köbes gezapft. Zum selbstgebrauten Bier werden natürlich kölsche Spezialiäten gereicht. Halve Hahn, Himmel und Ääd oder kölsche Kaviar passen hervorragend zum kräftig malzigen Geschmack des Bieres. Aber natürlich steht hier auch allerlei aus der beliebten bürgerlichen Küche auf der Speisekarte.

Wer kölsche Tradition und Lebensart kennenlernen will, ist in der Malzmühle genau richtig. Das wusste auch Bill Clinton. Er kam 1999 zum G8-Gipfel in den Genuss eines frisch gezapften Mühlen Kölsch. Und auch die kölsche Kultband „Höhner" sind Stammgäste in der Malzmühle. Sie haben sogar einen eigenen Raum hier, den „HöhnerStall". Dieser Saal bietet neben einer Ausstellung, in der 40 Jahre Bandgeschichte erlebt werden kann, auch viel Platz für Veranstaltungen.

Weniger urig, dafür aber modern und aufregend, ist die zur Malzmühle gehörende „MühlenBar". Hier finden Bierseminare statt und es werden hochwertige Bierkompositionen und Kölsch-Cocktails kredenzt. Mit Blick auf den Dom kann man den Tag in entspannter Atmosphäre wunderbar ausklingen lassen.

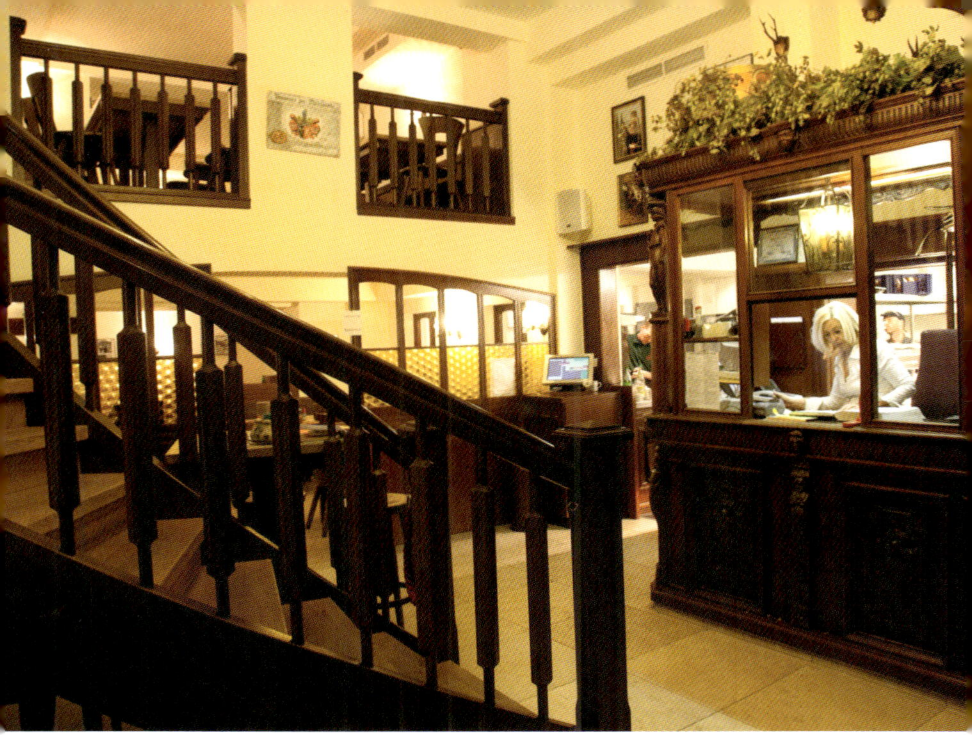

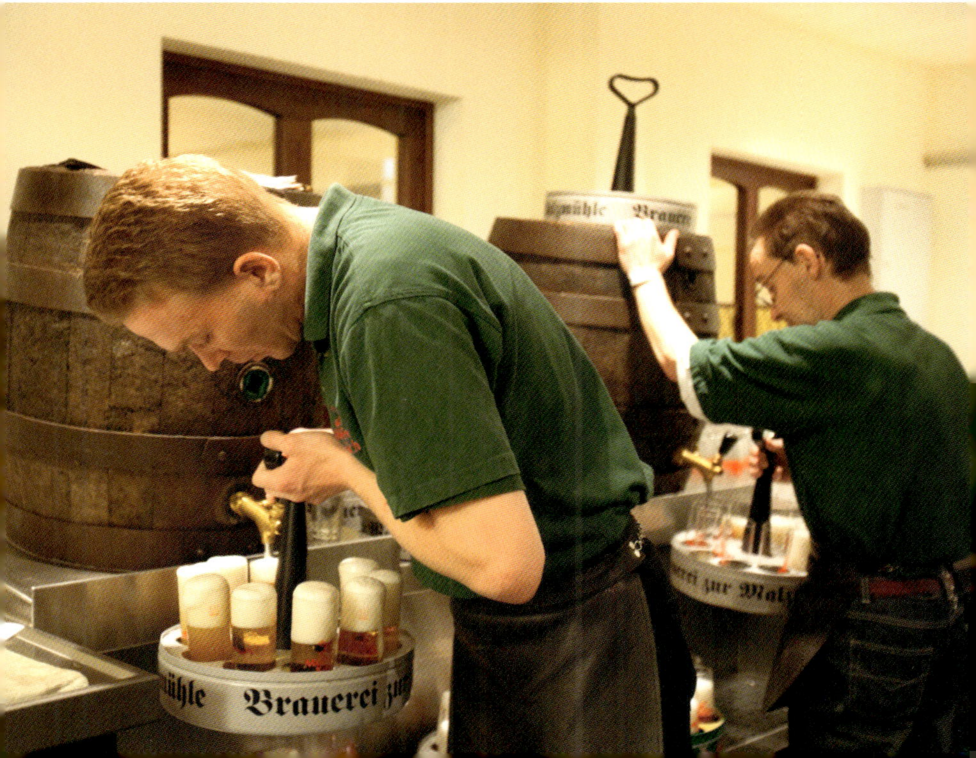
Brauerei

WELTKULTURERBE IN BRÜHL

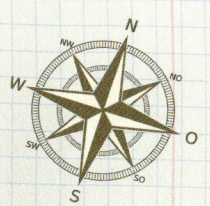

Länge: 18,7 km

Wanderzeit: 6,5 Stunden

Schwierigkeit: mittel

Höhenmeter: 222 m

Start/Ziel: Richard-Bertram-Straße 2, 50321 Brühl (GPS 50.828661, 6.898057)

Parkplätze: Am Heider Bergsee

ÖPNV: U-Bahnhaltestelle Brühl-Mitte, Brühl

Verpflegung: Waldbiergarten, Wasserturm Brühl

Jahreszeit: Sommer

Rundweg

Die Tour mit dem Extra

Mit dieser Wanderung wird eine lange Tour durch die Wälder des Ville-Höhenzugs geboten.

Nach Verlassen der Stadt Brühl wandern wir durch die erholsame Natur, die in dieser Region erst seit Mitte des letzten Jahrhunderts zu Ausflügen einlädt. Auf unserem Weg erreichen wir zahlreiche Seen, die sogenannten Ville-Seen. Manche von ihnen sind heute Landschaftsschutzgebiet, manche verlocken zum Schwimmen an ihren Badestränden. Der Heider Bergsee und der Liblarer See gehören zu letzter Kategorie, andere, wie der Franziskussee und der Obersee bieten viel natürlichen Lebensraum. Nach einer umfangreichen Runde durch den Schatten spendenden Wald durchqueren wir Brühl, um am östlichen Ortsrand einen Blick in die Wälder und Gärten der Schlösser zu werfen. Als Extra-Bonbon im Höhenzug Ville warten mit Schloss Augustusburg und Schloss Falkenlust zwei Stätten des UNESCO-Weltkulturerbes auf uns.

WELTKULTURERBE IN BRÜHL

Wir starten unsere Wanderung mitten in **Brühl am Bahnhof.** Wanderer, die mit dem Auto anreisen, sollten besser später in die Tour einsteigen und ihr Fahrzeug am Parkplatz **Heider Bergsee** abstellen, da die Parksituation im Zentrum von Brühl meistens nur ein Parken bis zu zwei Stunden erlaubt. Die Tourenbeschreibung beginnt entsprechend weiter unten und wird dann hier weitergeführt.

Die Highlights der Tour sind natürlich die als Weltkulturerbe geschützten Schlösser östlich von Brühl. Diese heben wir uns auf für den Abschluss der Wanderung, die uns überwiegend durch die Wälder westlich der Stadt und an den vielen Ville-Seen vorbeiführt.

Wir verlassen den Bahnhof in Richtung **Balthasar-Neumann-Platz** und wenden uns vor diesem halb rechts in die **Schlaunstraße.** Ihr folgen wir bis zum markanten Gebäude der Arbeitsagentur, wo wir rechts in die **Wilhelm-Kamm-Straße** einbiegen. Auf der linken Seite sehen wir anschließend mehrere quer verlaufende Häuserreihen, vor denen jeweils ein Fußweg verläuft. Wir entscheiden uns spätestens für den Weg an der **Polizeiwache** und folgen ihm bis zum Ende.

Wir überqueren die **Römerstraße** und sehen an der großen Kreuzung den **Partnerschaftsweg,** dem wir nach links folgen. Er bringt uns durch eine Grünanlage und an einem Spielplatz vorbei bis zur Straße **Am Daberger Hof,** auf der wir den besiedelten Bereich Brühls hinter uns lassen und schon nach kurzer Zeit den Blick über ein Feld schweifen lassen können. In den Gebäuden, die sich auf der rechten Seite hinter einigen Bäumen verstecken, ist die **Hochschule des Bundes für öffentliche Verwaltung** untergebracht. Unter anderem werden hier die Mitarbeiter des Verfassungsschutzes ausgebildet. Gleich dahinter überqueren wir die **Willy-Brandt-Straße** und befinden uns am Parkplatz des **HEIDER BERGSEES,** wo die Autofahrer in die Wanderung einsteigen.

HEIDER BERGSEE
Der Heider Bergsee entstand nach Einstellung des Braunkohleabbaus in den 1960er-Jahren. Langsam nur füllte sich das Loch mit Wasser und doch gab es schon früh das Strandbad und den Campingplatz, die seitdem zahlreiche Ausflügler anlocken. Weite Teile des Sees wurden aber sich selbst überlassen und konnten sich zu wunderbaren Naturschutzgebieten entwickeln.

Den Römern auf der Spur

Am Parkplatz gehen wir rechts in den Wald hinein und lassen das Strandbad vom Heider Bergsee links liegen. Unser Weg ist vorläufig recht populär, denn auf ihm verlaufen der Erftradweg und die Wasserburgenroute als Fahrradwege sowie der **Römerkanal-Wanderweg.**

Wir wandern am Ufer des **Sees** entlang und umrunden ihn zum Teil. Der Heider Bergsee ist einer von vielen der sogenannten Ville-Seen, die sich südwestlich von Köln zwischen Frechen und Brühlen befinden. Namensgeber ist die Ville, ein bewaldeter Höhenzug, der Teil des **Naturparks Rheinland** ist.

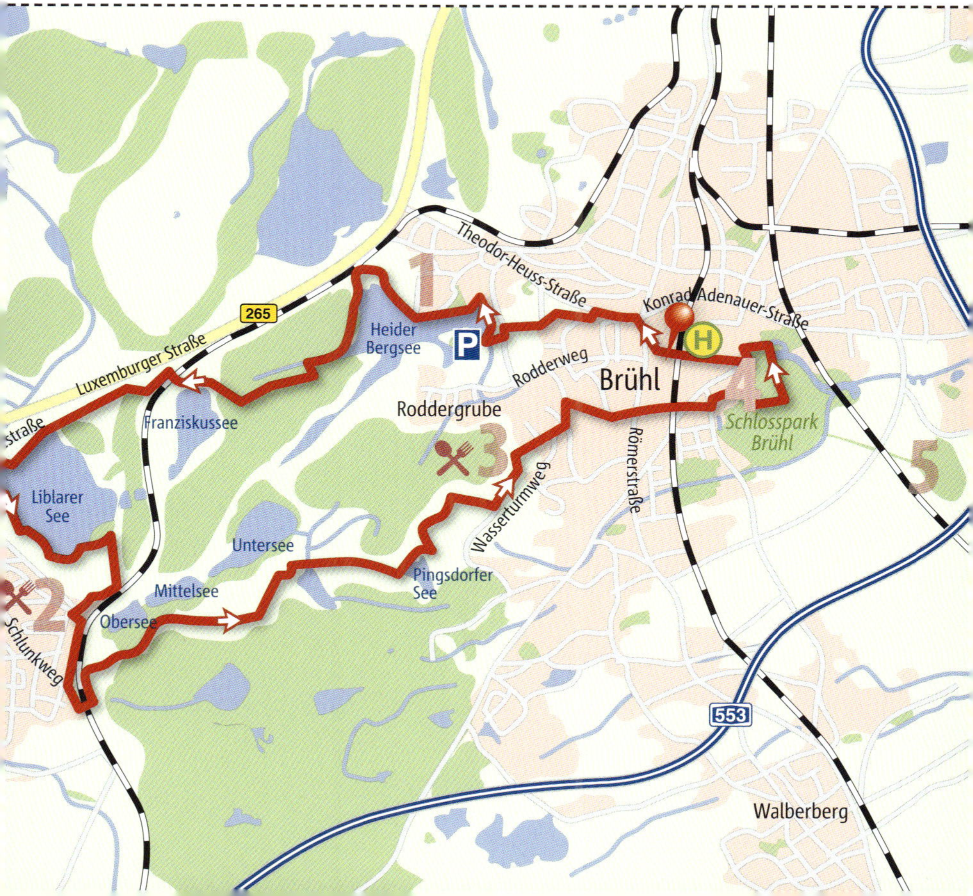

Ein fast 18 Kilometer langer, ausgeschilderter Wanderweg umrundet einige der Ville-Seen, einen Teil dieser Strecke werden wir heute noch kennenlernen. Vorerst erreichen wir jedoch das Westufer des Heider Bergsees und entdecken nördlich der Luxemburger Straße den **Bleibtreusee.** Wir durchqueren eine Linkskurve und biegen gleich dahinter nach rechts ab. Nach einem kurzen Weg durch den Wald erreichen wir den deutlich kleineren **Franziskussee,** halten uns halb rechts und unterqueren wenig später eine Eisenbahnunterführung. Gleich dahinter biegen wir links ab und gelangen an eine Zufahrtsstraße zu einem weiteren Strandbad. Wir überqueren den Parkplatz und lassen uns auch hier nicht zum Baden verlocken. Unser Wanderweg verläuft nun sehr einfach immer am Ufer des **Liblarer Sees** entlang, den wir beinahe in seiner vollen Gänze umrunden. Sowohl dieser als auch der Franziskussee und die noch folgenden verdanken ihre Entstehung dem Rheinischen Braunkohlerevier. Kaum vorstellbar, aber dafür umso erfreulicher, dass sich die Landschaft, die vor nicht ganz einhundert Jahren noch industriell genutzt wurde, nun zu einem Erholungsparadies gewandelt hat.

Auf der **Wassersportallee** verlassen wir den Liblar See und gelangen zum **Grubenweg,** in den wir links einbiegen und mit dem dortigen WALDBIERGARTEN eine idyllisch gelegene Einkehrmöglichkeit vorfinden.

Nach einer kurzen Pause folgen wir der **Bahnhofstraße** am Bahnhof Erftstadt vorbei, bleiben parallel zu den Gleisen und nutzen die erste Gelegenheit, diese links zu unterqueren. Hinter der Unterführung wenden wir uns wieder nach links und wandern fortan auf dem **Rennweg** durch den Wald. Folgen wir diesem, so gelangen wir ganz automatisch zur **Schutzhütte am Huttanusplatz.** Wir können aber auch auf den Pfaden links bzw. parallel zum Rennweg wandern. Dabei genießen wir den Blick auf drei Seen, die wie Perlen auf einer Schnur aneinandergereiht sind.

WALDBIERGARTEN

Grubenweg 8
50374 Erftstadt
Tel. (01 72) 2 52 00 26
www.waldbiergarten.eu

WASSERTURM BRÜHL

Liblarer Straße 181
50321 Brühl
Tel. (0 22 32) 2 06 17 00
www.wasserturm-bruehl.de

Von See zu See werden sie größer. In der Reihenfolge sind das der **Obersee,** der **Mittelsee** und der **Untersee,** die alle als Laichplatz unter Landschaftsschutz stehen. Ungefähr auf der Hälfte des Ufers am Untersee wenden wir uns nach rechts und gelangen zum **Huttanusplatz,** wo die beiden Wege wieder zusammentreffen. Dort halten wir uns in östliche Richtung und wandern bis zum ebenfalls unter Landschaftsschutz stehenden **Pingsdorfer See.** Wir biegen links ab, wandern an der **Maiglerwiese** entlang bis zum **Wasserturmweg** und wenden uns auf dem breiten **Forstweg** nach links. Rechts sehen wir einen Kletterwald und erreichen wenig später den historischen WASSERTURM, der als ein Wahrzeichen des Ville-Höhenzugs gilt und heute eine weitere Einkehrmöglichkeit bietet.

UNESCO-Welterbe

Mit dem Wasserturm verlassen wir den Wald und betreten die Liblarer Straße, der wir nun auf dem **Karl-Kaufmann-Wanderweg** bis zu ihrem Ende an einem Kreisverkehr in Brühl folgen werden.

Dahinter sehen wir rechts neben dem Haus Nummer 135 einen schmalen Pfad, der uns zur Bonnstraße bringt. Wir biegen links und gleich hinter dem Haus Nummer 21 wiederum nach rechts auf den schmalen **Xavier-Kürten-Weg** ab. Auf ihm erreichen wir am Stadion vorbei den Schlosspark. Schon bald blicken wir links über den Spiegelweiher und den gepflegten Garten zum SCHLOSS AUGUSTUSBURG hinweg.

Halb rechts können wir über die **Falkenluster Allee** weiter zum JAGDSCHLOSS FALKENLUST wandern oder geradeaus zum Kleinen Inselweiher.

Die Spaziermöglichkeiten in den Schlossgärten sind vielfältig und laden an unzähligen Kreuzungen und Abzweigen zu Abstechern ein. Nach einer ausgiebigen Besichtigung des Parks und der Schlösser verlassen wir das Ensemble über die **Schloßstraße** und befinden uns damit automatisch im Zentrum von

Brühl. Auf geradem Weg gelangen wir 500 Meter hinter dem Schlosspark zu unserem Ausgangspunkt am **Bahnhof** zurück.

EINE ENTSPANNTE RUNDE BEI SIEGBURG

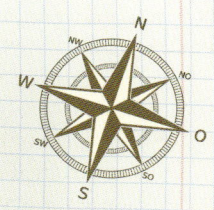

Länge: 11,3 km

Wanderzeit: 4 Stunden

Schwierigkeit: mittel

Höhenmeter: 304 m

Start/Ziel: Franzhäuschenstraße 67, 53797 Lohmar
(GPS: 50.820490, 7.263281)

Parkplätze: Zeithstraße und Wanderparkplatz Siegelsknippen

ÖPNV: Bushaltestelle Siegburg, Heide Franzhäuschen,
Lohmar

Verpflegung: Franzhäuschen, Klosterhof Seligenthal,
Bürgerhof

Jahreszeit: Sommer

Rundweg

Die gemütliche Tour

Idyllisch, malerisch, heimelig – das sind die Begriffe, mit denen man diese Wanderung umschreiben kann. Kurz gesagt, es wird gemütlich.

Es beginnt bereits mit der Streckenlänge, die überschaubar und für jedermann mühelos zu schaffen ist. Und wir können die Wanderung im Restaurant Franzhäuschen mit einer Stärkung beginnen. Gemütlich geht es dann durch den Kaldauer Wald, in dem keine größeren Anstiege auf uns warten, der sich uns jedoch naturreich präsentiert. Auch am Kloster Seligenthal lassen wir es uns gut gehen und können spätestens jetzt die Ruhe genießen. Gemütlich schlendern wir durch den Klosterhof und besichtigen die Rochuskapelle, bevor wir auf dem Wanderweg weiter nach Happerschoß gelangen und dort langsam den Rückweg antreten. Dabei passieren wir die Staumauer der Wahnbachtalsperre, lassen den Blick über das Wasser schweifen und lernen auch noch den Natursteig Sieg kennen, auf dem wir genauso gemütlich weiterwandern könnten. Den See könnten wir bei einer längeren Tour umrunden, aber wir wollen es gemütlich! Und deswegen lassen wir die Tour am Franzhäuschen enden, wo wir uns im Kaminzimmer vielleicht noch ein Getränk gönnen.

EINE ENTSPANNTE RUNDE BEI SIEGBURG

Gleich zu Beginn unserer Wanderung haben wir die Möglichkeit, uns im RESTAURANT FRANZHÄUSCHEN für die Tour zu stärken.

Anschließend überqueren wir die Zeithstraße bzw. die Bundesstraße 56, gehen geradewegs in den Kaldauer Wald hinein und passieren einen Wanderparkplatz zu unserer Rechten. Das Sträßchen **Siegels-knippen** beschreibt einen Linksbogen zum Verwaltungsgebäude des Wahnbachtalsperrenverbands. Der Talsperre werden wir auf unserer weiteren Wanderung noch begegnen. Wer aber frisches Wasser aus der Talsperre zapfen möchte, kann zunächst der Straße folgen und erreicht eine Informationstafel mit einem Hahn für frisches Trinkwasser.

Wir bleiben jedoch geradeaus und tauchen in den dichten Wald ein. Dabei stoßen wir auf einen Picknickplatz und sehen zum ersten Mal die Ausschilderung für den **Natursteig Sieg.**

Auf dem Hauptweg folgen wir der Wanderwegbeschilderung und erreichen nach kurzer Zeit einen nach links abzweigenden Weg, der zur **Kaldauer Grube** führt. Sie ist das Relikt eines ehemaligen Steinbruchs und wird heute gern von Mountainbike-Fahrern für waghalsige Fahrten und Sprünge genutzt. Kurz dahinter folgt ein weiterer Picknickplatz, an dem wir links abbiegen und deutlich an Höhe verlieren, bis wir zur asphaltierten **Talsperrenstraße** gelangen. Vor einem Friedhof wenden wir uns nach rechts, verlassen den Weg nach 150 Metern nach links und erreichen das KLOSTER SELIGENTHAL, wo wir in historischen Mauern gemütlich einkehren können.

Fernblick inklusive

Nach einer erholsamen Rast wandern wir an der Rochuskapelle zu unserer Rechten vorbei und biegen kurz darauf links ab, um den schmalen Wahnbach zu überqueren. Hinter dem Bach wenden wir uns nach

FRANZHÄUSCHEN
Der Name leitet sich von den Franziskanermönchen des ehemaligen Klosters ab. Man sagt ihnen nach, dass sie gerne durch den Wald marschierten, um schon damals in das Restaurant einzukehren. Das Lokal, das mit zwei Kochlöffeln im Aral Schlemmer Atlas geehrt wurde, besitzt auch eine gemütliche Weinbar mit Kaminzimmer.

Franzhäuschenstraße 67
53797 Lohmar
Tel. (0 22 41) 38 89 80
www.franzhaeuschen.de

KLOSTERHOF SELIGENTHAL
In der ersten Hälfte des 13. Jahrhunderts begann die Geschichte von Kloster Seligenthal, als es von Graf Heinrich von Sayn, zusammen mit seiner Gattin Mechthild von Landsberg ursprünglich für Franziskanermönche gegründet wurde. Vor dem Klosterareal erhebt sich die kleine Fachwerkkapelle, die dem heiligen Rochus gewidmet ist und alljährlich Mitte August als Wallfahrtsziel dient.

Zum Klosterhof 1
53721 Siegburg/Seligenthal
Tel. (0 22 42) 87 47 87
www.klosterhof-seligenthal.de

links und wenige Meter später folgen wir dem halb links abzweigenden Weg mit einer leichten Steigung wieder in den Wald hinein. Vor einem Feld wenden wir uns abermals nach links, umrunden das Feld mit einer weiten Rechtskurve und erreichen zwischen Feldern ein weiteres Hochplateau. Hier lohnt sich ein Blick nach hinten, wo wir in etwas über 5 Kilometer Luftlinie die ehemalige Abtei Michaelsberg erkennen. Auf dem sanft ansteigenden Seligenthaler Weg erreichen wir nach kurzer Zeit die ersten Häuser von **HAP-PERSCHOSS,** einem Ortsteil der Stadt Hennef.

Wir gehen bis in das Zentrum hinein und haben gegenüber der Kirche aus dem Jahr 1818 eine weitere

HAPPERSCHOSS

Happerscozze – so nannte man Mitte des 11. Jahrhunderts den heutigen Hennefer Ortsteil Happerschoß. Der kleine Ort mit der St.-Remigiuskirche verlor 1956 seine Eigenständigkeit und wurde in die Gemeinde Lauthausen eingegliedert, die wiederum wenige Jahre später in die Ortsteile Hennefs überging. Durch seine Lage auf einem Bergrücken bietet Happerschoß schöne Fernblicke.

BÜRGERHOF

Annoplatz 1
53773 Hennef-Happerschoß
Tel. (0 22 42) 34 12
www. buergerhof-hennef.de

WAHNBACHTALSPERRE

Kurz vor der Mündung wird der eigentlich kleine und schmale Wahnbach zu einem fast sechs Kilometer langen See aufgestaut. Der Damm für die Wahnbachtalsperre wurde nach vierjähriger Bauzeit im Jahr 1958 fertiggestellt und ist fast 380 Meter breit. Wird der See trockengelegt, wie zum Beispiel bei der umfangreichen Sanierung im Jahr 2008, ist noch manch alte Brücke über den kleinen Wahnbach zu sehen.

Möglichkeit zur Einkehr gefunden: Die Speisen des Restaurants **BÜRGERHOF** genießen wir im rustikalen Fachwerkgebäude oder Biergarten.

Ohne eine Pause wenden wir uns rund 80 Meter vor der Kirche nach links in die Straße **Am Lorenzgarten,** durchqueren diese und verlassen den Ort auf dem nun leicht abwärts führenden **Talsperrenweg.** Zwischen Feldern gehen wir geradeaus bis zu einem Wäldchen. Davor biegen wir links ab und wandern bergab durch den Wald, um nach einem Abstieg durch zwei Serpentinen den Staudamm der **WAHNBACH-TALSPERRE** zu erreichen und den Ausblick auf den See genießen zu können.

Wir überqueren den Damm, wenden uns nach links und biegen gleich hinter einer rot-weißen Schranke nach rechts ab, um auf einem deutlichen Anstieg an Höhe zu gewinnen und zum Landgut Umschoss zu gelangen. Am Gut gehen wir entlang des Zufahrtswegs unterhalb einer Allee aus Walnussbäumen und biegen direkt vor einem Wald nach rechts ab. Es geht wieder deutlich hinab und wir überqueren einen weiteren, aber wesentlich kleineren Damm, der einen Seitenarm der Wahnbachtalsperre abgrenzt. Über einen kurvigen Weg gelangen wir zu einem Feld, gehen nach links und wandern halb links auf einem schmalen Pfad weiter, der uns zum **Hof Schrecksmühle** bringt. Dahinter gehen wir durch einen Linksbogen abermals bergauf bis zu einer **T-Kreuzung,** biegen nach rechts ab und überqueren auf dem Buchenweg nach kurzer Zeit eine nächste Kreuzung. Vor uns sehen wir bereits die Häuser von Siegburg-Heide, gehen bis zur **Bundesstraße 56** und wenden uns nach links, um nach rund 500 Metern unseren Ausgangspunkt am Franzhäuschen zu erreichen. ◼

BEETHOVEN-HAUS
Bonngasse 18–26
53111 Bonn
Tel. (02 28) 98 17 50
www.beethoven-
haus-bonn.de

Hand aufs Herz – wer hat nicht schon mal vor einem Klavier gestanden und zaghaft versucht, die vermeintlich leichten ersten Töne von „Für Elise" zu spielen, auch wenn man sich selbst eher als unmusikalisch bezeichnen müsste? Und ein jeder weiß, wie es nach dem bekannten Ta-da-da-daaaa der 5. Symphonie weitergeht. Der Komponist dieser beiden Stücke heißt Ludwig van Beethoven und kann heute als Weltstar bezeichnet werden. Das Licht der Welt erblickte er im Jahr 1770 in der Bonngasse 20 in Bonn.

In seinem Geburtshaus ist heute ein Museum untergebracht, das sich mit seinem Leben und Wirken befasst. Schon früh, nämlich im Februar 1889 gründete sich der Verein Beethoven-Haus, der das Gebäude erwarb, um es vor dem Abriss zu bewahren. Hier richtete er eine Gedenkstätte ein, die sich über drei Etagen erstreckt und Beethovens Leben behandelt, von der Kindheit und Jugend in Bonn bis zu seiner Zeit in Wien, wo er im Jahr 1827 verstarb.

Lange lebte Ludwig van Beethoven jedoch nicht in dem Haus, denn schon im Jahr 1774 zog die Familie in die Rheingasse, später in die Wenzelgasse. Diese Häuser existieren heute jedoch nicht mehr. Hinter dem Beethovenhaus lädt noch ein kleiner Garten zu einem Besuch ein. In diesem findet man mehrere Büsten, die den Komponisten zeigen.

Neben der Dauerausstellung zu Beethovens Leben finden regelmäßig auch Sonderausstellungen statt, die einen allgemeinen Bezug zur Musik oder zum Komponisten haben. Zum 100-jährigen Bestehen des Vereins konnte 1989 gleichzeitig die Eröffnung des Kammermusiksaals gefeiert werden, in dem das Beethovenhaus heute regelmäßig Konzerte veranstaltet. Nicht auszuschließen, dass man hier neben „Für Elise" und Symphonie No. 5 auch noch die 9. Symphonie hört. Deren Schlusschor, die „Ode an die Freude", ist die offizielle Europahymne, die Partitur wurde von der UNESCO in das Weltdokumentenerbe aufgenommen. Das Stück eines echten Weltstars eben.

TOUR
15

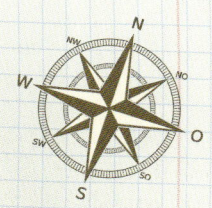

NATURREICH AN DER SIEGMÜNDUNG

Länge: 22,9 km

Wanderzeit: 7,5 Stunden

Schwierigkeit: mittel

Höhenmeter: 186 m

Start/Ziel: Bergstraße 45, 53844 Troisdorf
(GPS 50.771869, 7.093996)

Parkplätze: Wanderparkplatz an der Bergstraße

ÖPNV: Bushaltestelle Troisdorf, Bergheim Bergstraße

Verpflegung: Zur Siegfähre, Café Hafenschlösschen

Jahreszeit: Sommer

Rundweg

Ausrüstung: Sonnenhut, Bestimmungsbuch für Vögel,
Kleingeld für die Fähre

Die Lieblingstour

Die Lieblingstour – man muss sie einfach mögen. Eine Wanderung, die zu großen Teilen durch ein Naturschutzgebiet verläuft, dürfte zu den Highlights eines jeden Naturliebhabers und Wanderers gehören.

Außerdem ist sie nicht schwer, denn es gibt praktisch keinerlei Steigungen, und es ist auch kaum möglich, sich zu verlaufen, denn die Lieblingstour verläuft weitestgehend am Ufer der Sieg entlang: Sie führt uns durch die Siegauen am Sieglarer See vorbei bis zur Mündung der Agger in die Sieg. So lernen wir auch diesen Nebenfluss kennen, dessen Mündung wir umrunden, um wenig später auch die andere Flussseite der Sieg zu erwandern. Ebenfalls besonders schön sind die kurze Überfahrt mit der Seilfähre und die anschließende Wanderung durch die Auenwälder und entlang der Altarme im Bereich der Siegmündung bis zum Rhein. Unterwegs gibt es natürlich auch einige Einkehrmöglichkeiten und zum Abschluss Gelegenheit für einen interessanten Museumsbesuch.

NATURREICH AN DER SIEGMÜNDUNG

Wir verlassen den Wanderparkplatz in den **Siegauen,** nur ein kurzes Stück von der Haltestelle an der Landstraße entfernt und begeben uns zunächst einmal zur **Bergstraße**, wo wir rechter Hand an einigen Wohnhäusern entlangspazieren. Gleich an der ersten Möglichkeit wenden wir uns an einer **T-Kreuzung** nach rechts und folgen der Straße **Zur Siegfähre.** Wir überqueren die **Oberstraße** und biegen wenig später hinter einigen Bäumen links auf einen schmalen Weg ab. Dieser bringt uns zur Straße **Auf dem Kirvelberg,** der wir geradeaus folgen und nach kurzer Wanderstrecke an einem Kinderspielplatz vorbei zum Siegdamm gelangen.

Damit lassen wir die im 11. Jahrhundert erstmalig erwähnte Ortschaft Bergheim und das angrenzende **Müllekoven** hinter uns. Beides sind heute Ortsteile von **Troisdorf,** einer Stadt, die von Auswärtigen vielfach falsch ausgesprochen wird. Bei dem i handelt es sich um ein Dehnungs-i und so ähnelt die Aussprache eher dem Wort Trost. Mit dem Verlassen der Siedlung überqueren wir den **Troisdorfer Mühlengraben.** Er verläuft ungefähr nordwestlich der **Sieg** parallel zum Fluss und trieb noch vor wenigen Jahrzehnten zwei Wassermühlen an. Der Graben zweigt von der Agger ab (dort werden wir ihn später ein zweites Mal überqueren) und verläuft von dort bis zu unserem augenblicklichen Standort, kurz bevor er wieder die Sieg erreicht. Auf einem **Damm** wandern wir durch das malerische NATURSCHUTZGEBIET SIEGAUE. Mit etwas Glück können wir hier Schwarzmilan, Teichrohrsänger, Pirol, Zwergtaucher und den farbenfrohen Eisvogel sehen.

Unser Wanderweg führt uns in nordöstlicher Richtung auf dem Damm entlang. Zu unserer Rechten erstreckt sich das **Naturschutzgebiet,** während wir nach links unseren Blick über Felder schweifen lassen können. Nach einiger Zeit sehen wir halb rechts vor uns

NSG SIEGAUE

Die Mündung der Sieg ist eine der letzten naturbelassenen Rheinmündungen und wurde daher in den 1980er-Jahren unter Schutz gestellt. Das Gebiet beherbergt zahlreiche Baumreihen, Einzelbäume, Feldgehölze, Feuchtgrünland und Gebüsche. Als Höhepunkte gelten der Sieglarer See und der direkte Mündungsbereich. Beide Areale haben eine große Bedeutung für Wasservögel, besonders die Siegaue ist ein wahres Biotop und wird von den Tieren als Brut-, Rast- und Durchzugsgebiet genutzt.

einen kleinen Wald, hinter dem sich der **Sieglarer See** verbirgt. Hier lohnt es sich, den Damm nach rechts zu verlassen und den See komplett zu umrunden. Er entstand einzig und allein durch den Bau der in der Nähe befindlichen Autobahnen, weil für diese nach Kies und Sand gebaggert werden musste. Heute ist der Sieglarer See eine Ruheoase im ohnehin idyllischen Naturschutzgebiet Siegaue. In seiner Mitte befinden sich zwei sehr kleine, bewachsene Inseln und an seinem Südende ist er über eine schmale Rinne mit der Sieg verbunden. Wir überqueren diese Rinne und wandern durch die faszinierende Grünlandschaft direkt zwischen den Ufern des Flusses und des Sees.

Dann lassen wir den See hinter uns und entfernen uns ein wenig vom Flussufer, kehren aber nicht zum Damm zurück, sondern wandern auf einem schmalen Weg durch das **Naturschutzgebiet** und unterqueren nun die Brücke der Autobahn 59. Gleich dahinter nähern wir uns wieder der **Sieg.** Auf der linken Seite verläuft hinter einem kleinen Wall der bereits bekannte **Mühlengraben.** Es ist ganz unmöglich, sich auf dem Uferweg zu verlaufen. Wir unterqueren eine Eisenbahn- und kurz darauf eine Straßenbrücke, bis wir wenig später auf der rechten Seite die **Mündung der Agger** in die Sieg erkennen.

Die Sieg als Wegweiser

Kurzzeitig gehen wir zur Uferstraße hinauf und überqueren parallel zur Straße zum zweiten Mal den Mühlengraben, der an dem Wehr zu unserer rechten Seite von der Sieg abzweigt. Gleich dahinter wird unsere Strecke für kurze Zeit ein wenig ungemütlich. Wir verlassen die Straße deshalb und gehen wieder kurz am Ufer entlang. Vor uns überspannt eine **Straßen- und Eisenbahnbrücke** den Fluss, die wir nutzen, um die Agger zu überqueren. Wir gehen links hoch zur Straße, wenden uns nach rechts und biegen gleich hinter der **Überquerung** erneut scharf nach rechts ab, um wieder hinunter zum Flussufer zu gelangen. Nun wandern wir in die entgegengesetzte Richtung flussabwärts und erblicken rechts eine **Fischtreppe.** Diese ermöglicht es den Fischen, wieder zu ihren Laichplätzen zu ziehen, wohin ihnen sonst das Wehr den Weg versperren würde.

Wir folgen dem Weg durch die grüne Landschaft wieder bis zur Aggermündung. Dann unterqueren wir die Siegbrücke, biegen links ab und genießen vom Fußweg neben der **Bundesstraße 56** den Blick auf das Flusstal. Am Ende der Brücke verlassen wir diese, unterqueren sie abermals und wandern wieder in das **Naturschutzgebiet** Siegaue. Die Straßen- und Eisen-

SIEGFÄHRE
Die Siegfähre ist eine der ältesten noch betriebenen Einmann-Gierfähren in Deutschland. Sie hängt an einem langen Drahtseil und macht sich die Kraft des Wassers zunutze, um von einem Ufer zum anderen zu gelangen. Sie ist die letzte von vielen Siegfähren, die in der Vergangenheit auf dem Fluss pendelten.

bahnbrücke, die wir zuvor auf dem anderen Flussufer kennengelernt haben, unterqueren wir jetzt ebenfalls und gehen für ein kurzes Stück in unmittelbarer Nähe zur Autobahn. Doch nach erneuter Unterquerung der Autobahn 59 sind wir wieder mitten in der Natur und folgen dem Weg am Fluss entlang. Kurz nachdem wir uns etwas von der Sieg entfernt haben, biegen wir an einer **T-Kreuzung** rechts ab und passieren einen Sportplatz. Am **Marienhof** entfernen wir uns erneut vom Fluss, halten uns an einer Gabelung halb rechts und nähern uns einer weiteren **Straßenbrücke,** vor der wir halb rechts weiterwandern, um sie kurz darauf zu unterqueren. Wir gelangen so wieder zum Siegufer zurück, wo wir nun die SIEGFÄHRE benutzen, um erneut die Flussseite zu wechseln.

In der Mündungsaue

Nach einer kurzen, aber entspannten Fahrt über den Fluss erreichen wir das RESTAURANT ZUR SIEGFÄHRE, das in idyllischer Landschaft zur Einkehr einlädt.

Davor biegen wir links ab. Unser Weg verläuft nun auf einem schmalen Pfad durch die naturbelassene Landschaft der **Siegmündung.** Durch Auenwälder und an Altarmen vorbei erreichen wir eine T-Kreuzung, an der wir links abbiegen. Schon bald überqueren wir zwei kleine Fußgängerbrücken. Sie überspannen die beiden **Altarme Oberste Fahr** und **Diescholl,** die heute ein kleines Naturparadies bilden. Zu unserer Linken münden sie in den heutigen Verlauf der Sieg, die wenige Meter später ihr Wasser in den Rhein entlässt. Nach Überquerung der zweiten Brücke könnte man bereits rechts abbiegen, doch geradeaus kann man noch eine kleine Runde auf der Halbinsel **Eiländchen** einlegen und dabei einen Blick auf den **Yachthafen Mondorf** werfen. Gegenüber der Hafeneinfahrt lockt schon das stilvolle CAFÉ HAFENSCHLÖSSCHEN, in das wir nach einer kurzen Umrundung des Hafens einkehren können.

ZUR SIEGFÄHRE

Zur Siegfähre 7
53844 Troisdorf
Tel. (02 28) 47 55 47
www.siegfaehre.de

CAFÉ HAFENSCHLÖSSCHEN

Der Name ist Programm: Türmchen und Erker erheben sich stilvoll am ohnehin schon sehenswerten Gebäude. Von der Außenterrasse kann man bei Kaffee und Kuchen dem Treiben im Mondorfer Yachthafen genussvoll zuschauen.

Rheinallee 1
53859 Niederkassel
Tel. (02 28) 45 23 47
www.hafenschloesschen.de

Danach wandern wir am Altarm Diescholl weiter, wo wir über eine Treppe hinauf zur Straße **Am Nachtigallenweg** gelangen. Gleich zu unserer Rechten haben wir die Möglichkeit, unsere Wanderung durch das Naturschutzgebiet mit einem Besuch im hiesigen FISCHEREIMUSEUM abzuschließen.

Der Nachtigallenweg verläuft parallel zum Altarm Diescholl und mündet in die **Glockenstraße,** die uns wiederum geradeaus zur Bergstraße bringt, wo wir die Wanderung an unserem Ausgangspunkt, dem **Wanderparkplatz,** beenden. Wer mit dem Bus angereist ist, biegt rechts ab und gelangt nach wenigen Schritten zurück zur Bushaltestelle an der Landstraße. ∎

FISCHEREIMUSEUM

Das 1987 eröffnete Fischereimuseum zeigt in seinen Ausstellungen Wissenswertes zur nahe gelegenen Siegaue und ihren Biotopen sowie eine Unterwasserwelt. Eröffnet wurde es anlässlich des tausendjährigen Bestehens der Fischereirechte im Mündungsbereich der Sieg und informiert daher auch über die Fischereibruderschaft. 2010 wurde es in das Projekt Grünes C aufgenommen.

BEI ALFTER IN DEN KOTTENFORST

Länge: 20,3 km

Wanderzeit: 5,5 Stunden

Schwierigkeit: mittel

Höhenmeter: 284 m

Start/Ziel: Am Herrenwingert, 53347 Alfter (GPS 50.738261, 7.010075)

Parkplätze: Am Herrenwingert, 53347 Alfter

ÖPNV: Bushaltestelle Alfter, Hertersplatz

Verpflegung: Rucksackverpflegung nicht vergessen!

Jahreszeit: Sommer

Rundweg

Die Tour für Kurzentschlossene

Wer es spontan mag, der sollte einfach nach Alfter bei Bonn fahren. Von dort kann eine ausgedehnte Waldwanderung beginnen, die keine großen Ansprüche an den Wanderer stellt.

Es gilt, weder Berge zu erklimmen noch hinunterzuklettern, und nach einer schönen Rundtour kommt man wieder am Ausgangspunkt an und muss sich keine Gedanken über den Rückweg machen.

Auf dieser Tour wandern wir durch den Kottenforst und stoßen dabei immer wieder auf die römische Wasserleitung zwischen der Eifel und Köln, durchqueren ein Naturschutzgebiet und genießen zum Abschluss der Wanderung einen unvergleichlichen Fernblick über das Rheintal. Also, gar nicht lange überlegen, sondern ganz kurzentschlossen auf nach Alfter! Von dort aus geht die Wanderung gleich los, die im Übrigen auch für einen langen Spaziergang mit Hund sehr geeignet ist.

BEI ALFTER IN DEN KOTTENFORST

Vom Parkplatz und der angrenzenden Haltestelle im Zentrum von **Alfter** sehen wir deutlich die **St. Matthäuskirche.** Gleich daneben liegt ein wenig versteckt hinter hohen Bäumen das **SCHLOSS ALFTER.**

SCHLOSS ALFTER

Die Ursprünge reichen bis in das 12. Jahrhundert zurück. Mehrfach zerstört und wiederaufgebaut, erhielt die Anlage 1721 ihr heutiges Erscheinungsbild, als sie zu einem Barockbau umgebaut wurde. Seit Mitte des letzten Jahrhunderts diente das Schloss verschiedenen Institutionen bzw. Funktionen. So war es Standort für eine Abteilung der Bundeswehr, Forschungsinstitut der Konrad-Adenauer-Stiftung, Alanus Hochschule für Kunst und Gesellschaft sowie Flüchtlingsunterkunft.

Vorbei am Schloss, lassen wir den Großparkplatz im Zentrum von Alfter hinter uns und gehen auf dem schmalen **Mühlenpfad** an der östlichen Ecke des Platzes hindurch zur **Kronenstraße.** Dort wenden wir uns nach rechts und folgen ihr, überqueren eine Kreuzung und gehen auf der **Pelzstraße,** einer Hauptstraße, zunächst durch den Ort. Wir überqueren eine Kreuzung und laufen den Gielsdorfer Weg entlang. Am Ortsausgang wenden wir uns nach rechts in die **Jakob-Reuter-Straße,** folgen ihrem kurvigen Verlauf bis Haus Nummer 14 auf der linken Seite und biegen gleich dahinter links auf eine wenig befahrene Straße ein. Die **Mirbachstraße** bringt uns aus Alfter hinaus und unversehens wandern wir zwischen kleinen Feldern und Gärten entlang. Rechts neben uns kommt uns leise plätschernd der **Mirbach** entgegen, der auch als **Alfterer Bornheimer Bach** bezeichnet wird. Er entspringt im Alfterer Ortsteil Gielsbach und erreicht nach etwas mehr als elf Kilometern bei Bornheim den Rhein.

Wir überqueren den **Schlebendgesweg,** entfernen uns ein wenig vom Bachbett und gelangen zur Prinzgasse, an der wir rechts abbiegen. Diese trifft am Ende auf die **Kirchgasse,** wo wir uns abermals nach rechts wenden. Vor einem Spielplatz zweigt die Straße **Auf dem Hardtberg** halb rechts ab. Wir folgen ihr und wandern leicht bergauf in den Wald hinein, womit wir den **Kottenforst** erreichen.

Durch eine Linkskurve hindurch gelangen wir zu einer T-Kreuzung, an der wir rechts abbiegen und zur Kreuzung **Zur Waldesruh** gelangen. An dieser biegen wir links ab, um uns gleich an der ersten Gelegenheit wiederum nach rechts auf einen schmalen Waldweg zu wenden.

Etwas weniger als 600 Meter sind es, die wir geradeaus durch den Wald gehen, bevor wir links abbiegen und wenig später wieder nach rechts abbiegen. Nach einer weiteren Linkskurve wandern wir
leicht hinab und erreichen den **Kompelsbrücker Weg.**
Diesem folgen wir nach rechts zwischen einigen Feldern hindurch und wieder in den Kottenforst hinein.
Die Breite Allee, die sich wie mit dem Lineal gezogen
schnurgerade durch den Wald zieht, überqueren wir,
kurz nachdem wir an einer Schutzhütte halb links
wanderten und den **Kompelsbach** überquert haben.
Die **Breite Allee** ist die wichtigste Verbindung im Kot-

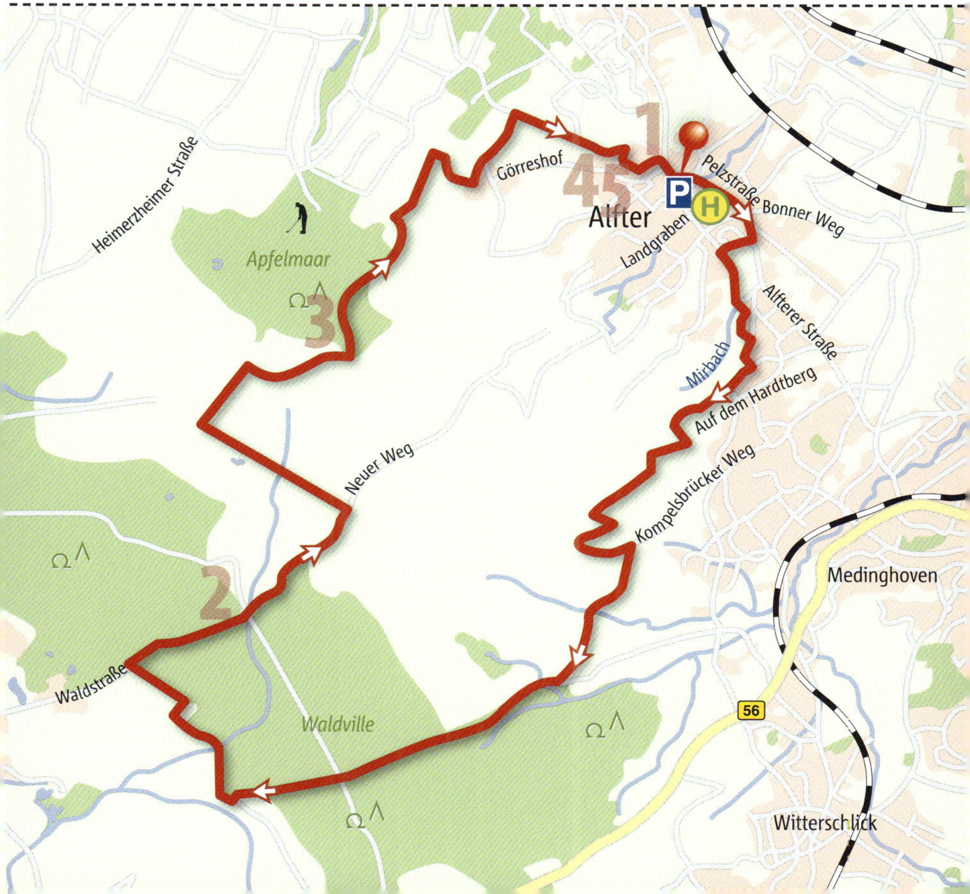

EISERNER MANN
Ungefähr 1,20 Meter ragt der Eiserne Mann aus dem Boden und einen weiteren Meter tief in die Erde. Erstmals wurde die Eisenstele im frühen 17. Jahrhundert erwähnt und diente vermutlich als Grenzmarkierung oder Mahnmal. Endgültig geklärt werden konnte die Funktion jedoch nicht, weshalb viele Sagen rund um den Eisernen Mann ranken

tenforst und daher auch die am häufigsten genutzte. Radfahrer, Jogger und Gassigeher teilen sich den Waldweg.

Ein Wald voller Geschichte

Wir bleiben davon unbeeindruckt und wandern an der hiesigen **Schutzhütte** weiter geradeaus. Dabei entscheiden wir uns für den Weg links der Hütte, wobei der rechte auch kein Fehler wäre. Beide Wege treffen nach einiger Zeit auf die Schmale Allee. Würden wir uns für den rechten Weg entscheiden, müssten wir lediglich die **Schmale Allee** wieder ein kleines Stück nach links gehen, die sich wie die Breite Allee geradlinig durch den Kottenforst zieht. Weiter nördlich, also rechts von uns, treffen die beiden Alleen aufeinander. Dahin werden wir im Laufe unserer Wanderung noch gelangen.

Wir bleiben jedoch zunächst geradeaus und erreichen nach einer gemütlichen Wanderung durch den dichten und schattigen Wald die Überreste einer **römischen Wasserleitung**. Mit dieser Leitung versorgten die Römer die Vorläufersiedlung Kölns mit frischem Wasser aus der Eifel. Hinter der Wasserleitung gehen wir geradeaus bis zum Waldrand und halten uns dort immer rechts. Beim Verlassen des Waldes genießen wir den Ausblick in westliche Richtung über die Zülpicher Börde und sehen die ersten Hügel der Eifel, die sich am Horizont abzeichnen. Wir bleiben die gesamte Zeit am **Waldrand** und folgen dem kurvigen Verlauf zwischen den Bäumen zu unserer Rechten und den Feldern zu unserer Linken. Wenn wir ein wenig ins Unterholz blicken, können wir einige Gräben erkennen: Spuren des Zweiten Weltkrieges. Sie wurden von der deutschen Wehrmacht angelegt, um die Alliierten nach den verloren gegangenen Kämpfen in den Ardennen und an der Rur davon abzuhalten, den Rhein zu erreichen. Hinter einem **Hof** wenden wir uns nach rechts und gehen wieder in den Wald hinein. Wir überqueren einen quer verlaufen-

den Waldweg und wandern weitere 700 Meter bis zu einer Kreuzung, die als **EISERNER MANN** bekannt ist.

Nach einer kleinen Pause in der gemütlichen Schutzhütte halten wir uns halb links und folgen dem Wanderweg durch den Wald, bis wir wieder auf die römische Wasserleitung stoßen, die hier auf Schildern erläutert wird. Gleich danach überqueren wir ebenfalls wieder die Schmale Allee und gelangen zum **Waldkrankenhaus** an der Breiten Allee. Der Name ist etwas irreführend, bezeichnet er lediglich eine weitere Schutzhütte. Am Waldkrankenhaus biegen wir links ab und wandern nun einige Zeit auf der Breiten Allee entlang. Schon nach kurzer Zeit erreicht uns von links – wie zuvor schon angekündigt – wieder die Schmale Allee. Etwas mehr als 700 Meter sind es hinter der Einmündung, bis auf der rechten Seite ein Weg abzweigt, dem wir kurz folgen, um bereits nach 600 Metern erneut rechts abzubiegen. Im leichten Auf und Ab gelangen wir zu einem weiteren Wegknotenpunkt, der als **KAMELLEBOOM** bekannt ist.

Auch hier verläuft die römische Wasserleitung in Richtung Domstadt. Wir biegen an der Kreuzung links ab auf den Waldweg namens **Roisdorfer Hufebahn** und durchqueren dabei gleichzeitig das **Naturschutzgebiet Apfelmaar.** Der Laubwald zeichnet sich hier durch vereinzelte sehr alte Traubeneichen aus und wird von zahlreichen Amphibien als Sommerquartier genutzt. Denn besonders nach Regenfällen sind die vier kleinen Maare im Naturschutzgebiet entsprechend mit Wasser gefüllt. An der zweiten Möglichkeit biegen wir rechts ab, bleiben aber dabei auf der Roisdorfer Hufebahn und passieren eine weitere **Schutzhütte.** Diese wird unsere letzte im Wald sein, denn dahinter biegen wir an einem der Abzweige nach rechts ab und gelangen zum Weg **Alfterer Hufebahn,** der gleichzeitig den Waldrand markiert und einen ersten Blick wieder auf Alfter freigibt. Anstatt jedoch den direkten Weg durch die Straße **Görreshof** zu nehmen, um wieder ins Zentrum zu gelangen,

KAMELLEBOOM IM KOTTENFORST

Mehrere Jahrhunderte lang war die alte hohle Eiche namens Kamelleboom ein Treffpunkt von Kindern, die dort auf die vom Markt zurückkommenden Eltern warteten. Diese brachten ihren Liebsten in der Regel Bonbons mit, steckten sie in den Kopf des hohlen Baumes, damit die Bonbons hindurch nach unten fielen, wo die Kinder die Süßigkeiten freudestrahlend auffingen.

HAUS DER ALFTERER GESCHICHTE

Im Haus der Alfterer Geschichte, kurz HDAG, werden regelmäßig wechselnde Ausstellungen gezeigt, die sich mit der Historie des Ortes beschäftigen. Mal geht es dabei um Persönlichkeiten der Dorfgeschichte, mal um das einstige bäuerliche Leben in der Region. Auch Wanderungen durch Alfter werden angeboten, die zu interessanten oder auch unbequemen Denkmälern Alfters führen.

wenden wir uns nach links und gehen nochmals in den Wald hinein und durchqueren ihn.

An einer Kreuzung biegen wir rechts ab, wandern am Waldrand entlang bis zu einem **Wegekreuz.** An diesem kurz noch nach rechts und wir erreichen einen **Aussichtspunkt** oberhalb von Alfter, wo wir nicht nur den Ort, sondern auch weit über das Rheintal hinweg auch die Berge des Siebengebirges erblicken können. Auf der **Kemmertsgasse** gehen wir ein kurzes Stück hinab, biegen jedoch vor den Häusern links ab und wandern auf einem schmalen Weg bis zu einem Abzweig, an dem wir abermals links abbiegen. Hinter einem **Friedhof** wenden wir uns nach rechts und können zum Abschluss der Wanderung noch einen Blick in das **HAUS DER ALFTERER GESCHICHTE** werfen.

Dahinter geht es die letzten Meter der Wanderung über eine **Treppe** an der **ST. MATTHÄUSKIRCHE** hinab zur Straße **Am Herrenwingert**, wo wir gleich darauf unseren Ausgangspunkt wiedererkennen. ■

ST. MATTHÄUSKIRCHE

Die denkmalgeschützte St. Matthäuskirche wurde Ende des 18. Jahrhunderts erbaut und präsentiert sich als barockes Backsteingebäude, das jedoch nur sehr wenig ausgeschmückt ist. Das Antependium, ein reich verzierter Stoffvorhang über dem Taufbecken, ist einige Jahre älter und hing in der Mitte des 18. Jahrhunderts in einer Kapelle in Bonn.

INTERNATIONALE BONNER STUMMFILMTAGE
www.internationale-stummfilmtage.de

Jedes Jahr im August verwandelt sich der Arkadenhof des Kurfürstlichen Schlosses in Bonn in ein Festivalgelände, das in den elf Tagen der Veranstaltung rund 25.000 Zuschauer anlockt. Doch statt berühmter Musiker oder lauter Rockmusik genießt man bestenfalls Klaviermusik – passend abgestimmt zu den schwarz-weißen Filmen, die auf der Leinwand an der Bühne flimmern. Die Rede ist von den Internationalen Stummfilmtagen in Bonn, die in dieser Form bereits seit 1995 stattfinden.

Auch wenn die Ära der Stummfilme schon lange vorbei ist, so sind die Namen der Schauspieler legendär. „Ausgerechnet Wolkenkratzer!" ist zum Beispiel einer der klassischen Stummfilme und bis heute bekannt durch seine Szene, in der der Schauspieler Harald Lloyd am Uhrzeiger eines Hochhauses hängt. Auch Buster Keaton und natürlich nicht zu vergessen, Charlie Chaplin, sind berühmte Schauspieler, die ihre Erfolge mit Stummfilmen feierten.

Die Geschichte der Stummfilmtage begann im Jahr 1985, als der heutige Leiter des Münchner Filmmuseums das damalige dreitägige Bonner Sommerkino im Hof des Poppelsdorfer Schlosses ins Leben rief. Daraus gingen ein Jahrzehnt später die heutigen Stummfilmtage hervor. Veranstaltet wird das Festival vom Förderverein Filmkultur Bonn e.V., der wiederum von der Filmförderung des Bundes, der Universität Bonn und zahlreichen weiteren Einrichtungen unterstützt wird. Der Eintritt ist für den Zuschauer kostenlos, aber der 1991 gegründete Förderverein freut sich natürlich über eine kleine, freiwillige Spende. Er hat sich unter anderem das Ziel gesetzt, das Filmerbe durch Archivierung und Veranstaltungen wie diese zu pflegen und zu erhalten.

Die eingangs erwähnte Begleitmusik kommt übrigens nicht vom Band, sondern wird, stilecht und wie es sich für einen echten Stummfilm gehört, live gespielt. Berühmt hierfür ist zum Beispiel der Pianist Günter A. Buchwald, der zu den Mitbegründern der Stummfilm-Renaissance gezählt wird.

VOM ENNERT ZUR DOLLENDORFER HARDT

Länge: 20,4 km

Wanderzeit: 6 Stunden

Schwierigkeit: schwer

Höhenmeter: 604 m

Start/Ziel: Ennertweg, 53229 Bonn
(GPS 50.733714, 7.169650)

Parkplätze: Wander-Parkplatz, Ennertweg, 53229 Bonn

ÖPNV: Bushaltestelle Bonn, Holtorf Forsthaus Hardt

Verpflegung: Rucksackverpflegung nicht vergessen!

Jahreszeit: Sommer

Rundweg

Ausrüstung: Bestimmungsbuch für Vögel (Nabu-App), Fernglas

Die Tour für Birdwatcher

Die Wälder im Naturpark Siebengebirge sind hervorragende Orte, um Vögel beobachten oder einfach auch nur ihrem Gesang lauschen zu können.

Bei dieser Tour wandern wir über den Höhenzug Ennert mit seinen bewaldeten Bergkuppen, überqueren den höchsten Punkt im Stadtgebiet von Bonn und erreichen sowohl den Weilberg als auch die Dollendorfer Hardt, die zu den Bergen des Siebengebirges zählen. Auf dem Rheinhöhenweg und dem Rheinsteig sind wir unterwegs und genießen die Aussicht über Weinberge oder von steilen Klippen hinab in das Rheintal. Dabei sind wir in ständiger Begleitung – seien es kleine Blaumeisen, Rot- oder Braunkehlchen oder die etwas größeren Drosseln oder Amseln. Auch der Neuntöter zeigt sich möglicherweise in den Hecken und Gebüschen außerhalb des Waldes. Außerdem gilt es, das Gehör auf der Wanderung zu schärfen: Der Specht kann über unseren Köpfen in den Baumkronen sitzen, seinen Schnabel lautstark in die Rinde schlagen und so seinen Aufenthaltsort verraten. Und sollte es mit der Vogelbeobachtung nicht funktionieren, bleiben noch immer die schönen Fernblicke über Oberkassel und Oberdollendorf hinweg auf den westlichen Teil des Rheinlands.

VOM ENNERT ZUR DOLLENDORFER HARDT

Schon beim Verlassen des **Parkplatzes** befinden wir uns mitten in der Natur und erfreuen uns an dem Wald, der uns umgibt. Er ist Teil des Höhenzugs EN-NERT, der an das weiter südliche Siebengebirge angrenzt und einige bewaldete Erhebungen bietet, die wir nun erwandern wollen.

Hierfür lassen wir den Parkplatz mitsamt der Straße hinter uns und wandern auf dem **Ennertweg** in den dichten Wald hinein. Nach rund 400 Metern gabelt sich unser Weg und wir wenden uns nach links, um dem Ennertweg in einem weiten Rechtsbogen zu folgen. An einer Kreuzung wenden wir uns nach rechts auf den **Foveaux-Weg** und gelangen unweigerlich zum gleichnamigen **Foveaux-Häuschen,** das sich mit einem Dreiecksgiebel direkt am Rheinsteig präsentiert. Benannt wurde das kleine steinerne Bauwerk nach einem Kölner Tabakfabrikanten. Gleichzeitig sind wir am höchsten Gipfel des Höhenzugs angekommen, der ebenfalls Ennert heißt und 151 Meter hoch ist. Viel spüren wir von diesen Höhenmetern noch nicht. Wir wandern gleich weiter und folgen der Ennertrunde weiterhin.

Am **Foveauxhäuschen** halten wir uns rechts, verlassen damit den **Rheinsteig** und wandern auf dem Foveaux-Weg bis zu einer ersten **T-Kreuzung,** wenden uns nach links und biegen an einer zweiten T-Kreuzung nach rechts ab. Wenig später überqueren wir **Pützchens Chaussee** und erreichen nach einer Linkskurve einen Abzweig nach rechts. „Pützchen" ist rheinischer Dialekt und Ausdruck für „Brunnen" oder „Quelle".

Dieser führt uns zum **Hardtweiher Rundweg,** an dem wir uns nach links wenden und in einem weiten Linksbogen zu einer Lichtung bei NIEDERHOLTORF gehen.

Ein kurzes Stück gehen wir an der Lichtung entlang, erreichen die Löwenburgstraße und überqueren erneut Pützchens Chaussee, um weiter geradeaus

ENNERT

Die Wälder auf dem Ennert sind teilweise noch sehr jung. Bis zum Beginn des 19. Jahrhunderts wurde der Höhenzug landwirtschaftlich stark genutzt. Es waren überwiegend Felder, die das Aussehen des Ennerts bestimmten. Diese verschwanden, als man auf dem Höhenzug mit dem Abbau von Alaun und Braunkohle begann. Erst anschließend wurde der Ennert aufgeforstet.

NIEDERHOLTORF

Niederholtorf bildet zusammen mit den beiden anderen Dörfern Oberholtorf und Ungarten den Bonner Ortsteil Holtorf. Dieser hat wiederum seinen Namen von der Holtorfer Hardt, was sich von Holzdorp ableitet. Zum ersten Mal wurde der Ort im ausgehenden 12. Jahrhundert namentlich festgehalten. Holtorf gilt für seine 1800 Einwohner als beliebtes Wohnviertel, nicht zuletzt wegen seiner naturreichen Umgebung.

zu wandern. Zu unserer Linken sehen wir einige Wohnhäuser von Niederholtorf. Kurz hinter dem zweiten Wendehammer der Straße biegen wir wieder rechts in den Wald hinein. Nach nicht ganz 300 Metern halten wir uns links und wandern ein kurzes Stück am schmalen **Ankerbach** entlang. Dieser entspringt im nahe gelegenen Oberholtorf und mündet nach nur viereinhalb Kilometern in den Rhein.

Gleich an der ersten Gelegenheit biegen wir nach rechts ab und überqueren den Bach, um weiter durch den Schatten spendenden Wald zu wandern. Später, am **Rauchlochweg,** biegen wir erneut nach rechts ab, verlassen diesen aber nach rund 270 Metern auch

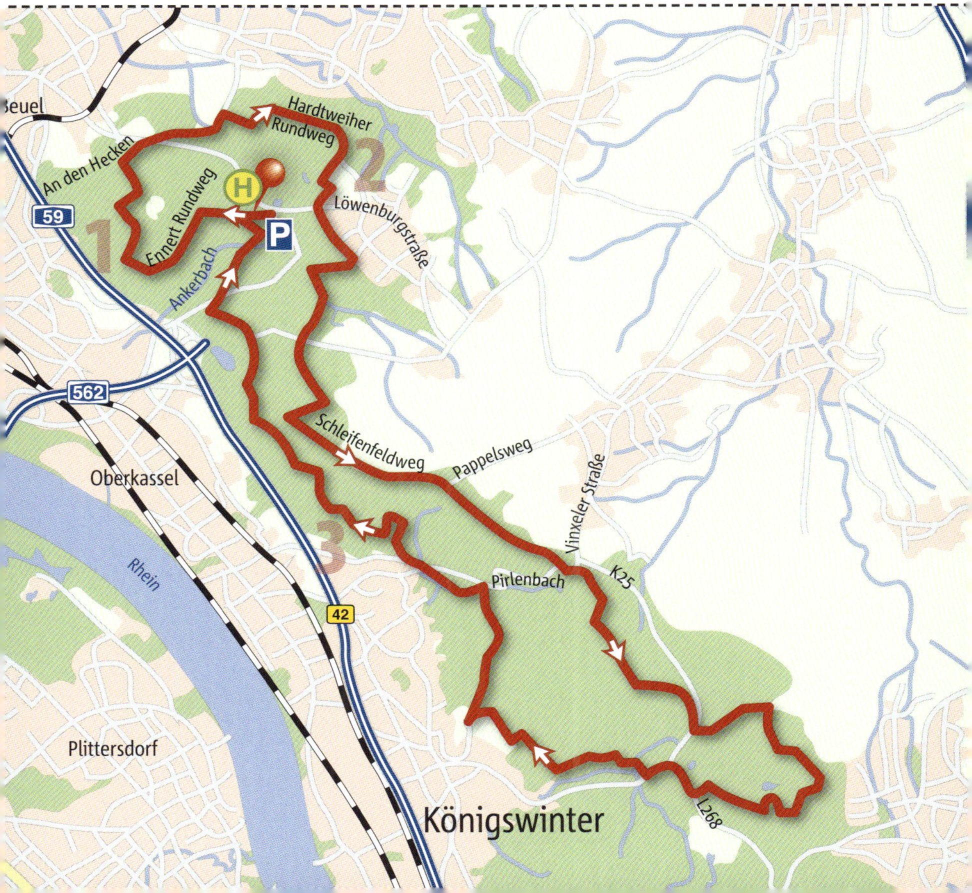

schon wieder, indem wir links auf den Schleifenfels-
weg wechseln. Der Weg bringt uns zum Waldrand,
wo er in ein kleines befestigtes Sträßchen übergeht
und uns einen Blick über die Felder ermöglicht. Der
weite Blick ist aber nur von kurzer Dauer, denn schon
bald geht es für uns wieder in den Wald hinein. Wir
gelangen zu einer **Schutzhütte** an einer Kreuzung.
Von rechts stößt der RHEINHÖHENWEG zu uns, dem wir
geradeaus durch den Wald folgen werden.

Auf berühmten Wanderpfaden

Für uns sind es zunächst nur wenige Schritte, die wir
auf dem Rheinhöhenweg verbringen, bis wir zu unserer Linken einen Findling entdecken. Laut seiner Be-
schriftung befinden wir uns nun am höchsten Punkt
der Stadt Bonn, dem **Paffelsberg.** Damit ist er auch der
höchste Gipfel des Ennert. Wir bleiben im idyllischen
Wald weiter geradeaus und überqueren nach einiger
Zeit die **Vinxeler Straße** und den **Wanderparkplatz** auf
der gegenüberliegenden Straßenseite. Auf dem kurvigen Weg folgen wir der Beschilderung des Rhein-
höhenwegs in südliche Richtung, der uns an einer weiteren **Schutzhütte** vorbei zu einer kleinen **Landstraße**
führt. Diese überqueren wir und gleich dahinter verlassen wir den nach rechts abzweigenden Rheinhöhenweg, indem wir geradeaus an einem Hof vorbeiwandern. Rechts und links können wir über Felder
blicken. Direkt an der ersten Möglichkeit biegen wir
hinter dem Hof rechts ab. Vor uns erhebt sich der **Weilberg,** ein 247 Meter hoher Berg des Siebengebirges,
der ehemals als Steinbruch diente. An einer **T-Kreuzung**
an der nördlichen Flanke des Berges biegen wir links
ab, umrunden den Berg zur Hälfte und haben die
Möglichkeit, einen kleinen Abstecher zu einem Aussichtspunkt zu machen. Hier kann man auch die un-
terschiedlichen Gesteinsschichten des Berges sehen.
    Mit dem Weilberg haben wir den am weitesten ent-
fernten Punkt unserer Wanderung erreicht und be-

RHEINHÖHENWEG
Der Rheinhöhenweg ist mit
einem schwarzen R auf
weißem Grund gekennzeich-
net und besteht aus zwei
Wegen, die jeweils rechts
und links des Rheins über
die Höhen verlaufen.
Dabei verbinden sie Bonn
mit Wiesbaden bzw. mit
Alsheim und durchqueren
das Mittelrheintal, wo man
an den zahlreichen Burgen
des Weltkulturerbes
entlangwandert.

geben uns jetzt langsam auf den Rückweg in Richtung Norden. Hierfür wandern wir auf dem Weilberg-Rundweg bis zur **Heisterbacher Straße,** wenden uns nach rechts und verlassen diese hinter einer Linkskurve kurz darauf wieder. Von nun an sind wir fast auf der gesamten übrigen Strecke auf dem RHEINSTEIG unterwegs, der uns an weiteren interessanten Orten vorbeiführt.

Dazu gehört zum Beispiel die **Heisterbacher Ölmühle** auf unserer linken Seite, die im frühen 18. Jahrhundert von den Zisterziensermönchen der nahe gelegenen Abtei erbaut wurde und bis zum Jahr 1914 in Betrieb war.

Weiter führt der kurvige Verlauf im leichten Auf und Ab an der Südwestflanke der **Dollendorfer Hardt** entlang. Diese 246 Meter hohe Kuppe gilt als nördlichster Berg des Siebengebirges. An seinem Westhang befinden sich einige **Weinberge,** auf die wir beim Verlassen des Waldes stoßen. Über die Weinreben hinweg blicken wir auf die Ortschaft **Oberdollendorf,** die sich weit unterhalb vor uns erstreckt, und auf das Rheintal bis nach Bonn, wo sich der Post Tower als markante Landmarke zeigt.

Wir biegen vor den Weinbergen rechts ab, wandern durch eine Linkskurve bis zur **Schutzhütte Hülle,** wo wir uns bei einer kleinen Rast und diesem Ausblick ein Weilchen erholen können. Nach der Pause gehen wir ein kurzes Stück zurück und folgen dem Rheinsteig wieder in den Wald hinein. Er lässt uns nach einiger Zeit einen Bach überqueren, hinter dem wir links abbiegen, um anschließend die **Langemarckstraße** bei OBERKASSEL zu passieren.

Hohe Berge und tiefe Seen

Über die **Berghovener Straße** und den **Kucksteinweg** gelangen wir wieder in den Wald hinein, biegen an der ersten Möglichkeit bei einer Informationstafel links ab und wandern oberhalb der Klippen des **Ober-**

RHEINSTEIG

Auf ungefähr 320 Kilometern verläuft der Rheinsteig ab dem Bonner Marktplatz durch das Siebengebirge bis Koblenz, durchquert das Obere Mittelrheintal und endet am Schloss Biebrich in der hessischen Hauptstadt Wiesbaden. Zu erkennen ist er an einem blau-weißen stilisierten R, das man auch als Symbol für den Rhein verstehen kann. Gelbe Schilder weisen auf Zuwege von Bahnhöfen oder Ortszentren hin.

OBERKASSEL

Den Namen gibt es gleich zweimal im Rheinland. Da wäre zum einen der Stadtteil der Landeshauptstadt Düsseldorf, zum anderen das Stadtviertel in Bonn. Hier befindet sich Oberkassel im südlichsten Teil der Stadt auf rechtsrheinischer Seite. Es ist bekannt für das sogenannte Doppelgrab, eine Fundstelle zweier Homo Sapiens, deren Alter auf bis zu 14.000 Jahre geschätzt wird.

kasseler Steinbruchs entlang. Immer wieder lohnt es sich, mal einige Meter nach links abzubiegen, um zu den Aussichtspunkten zu gelangen und die ebenfalls schönen Fernblicke über das Rheintal bei Oberkassel zu genießen. **Rabenlay** ist der Name des nächsten Berges, den wir passieren und der schon wieder zum Ennert gehört. Wir bleiben stets geradeaus, überqueren eine Kreuzung und stellen fest, dass die darauf folgenden Abzweige nicht mehr zu Aussichtspunkten, sondern zu kleinen Seen führen. Es beginnt mit dem kleinen Blauen See, gefolgt vom deutlich größeren **Dornheckensee.** Beide Seen sind von Menschenhand geschaffen und durch den hiesigen Gesteinsabbau entstanden. Bis zu Beginn der 1940er-Jahre wurde hier noch gearbeitet. Doch so idyllisch die Seen auch wirken – insbesondere durch die hohe Felswand am Ufer des Gewässers –: Das Baden darin ist wegen der hohen Steinschlaggefahr verboten! Der Blick in die Tiefe auf das grünlich schimmernde Wasser ist aber allemal einen Abstecher und eine Pause wert. Anschließend folgen wir der Beschilderung vom Rheinsteig und dem Rheinhöhenweg, die sich den Waldweg teilen, und überqueren bald die Oberkasseler Straße an einem Wanderparkplatz.

Gleich darauf zweigen die beiden Fernwanderwege nach links ab, während wir halb rechts auf dem **Ankerbachtalweg** weiterwandern. Der beinahe schnurgerade Waldweg bringt uns am Abzweig **Fuchskaulenweg** vorbei und über den Ankerbach hinweg zu einer Kreuzung. Diese überqueren wir und erkennen wenig später den **Ennertweg** wieder, an dem wir rechts nach wenigen Augenblicken unseren Ausgangspunkt erreichen. ■

KURFÜRSTLICHES
SCHLOSS BONN
Am Hof 1
53113 Bonn

Am Rande der Bonner Altstadt, nur wenige Schritte vom Bonner Münster und dem Rathaus entfernt, breitet sich das Kurfürstliche Schloss mit seinem weitläufigen Hofgarten aus. Entstanden ist es an der Wende zum 18. Jahrhundert als Ersatz eines zuvor zerstörten Schlosses. Das langgestreckte Gebäude erhebt sich über drei Etagen und umschließt mehrere Innenhöfe. An seiner Südwestseite beginnt die Poppelsdorfer Allee, die als Sichtachse zum einen Kilometer entfernten Poppelsdorfer Schloss verläuft.

Genutzt wurde das prächtige Bauwerk von den Kölner Kurfürsten zunächst als Residenzschloss, doch nach einem verheerenden Brand im Jahr 1777 und dem Einmarsch der französischen Truppen wenige Jahre später verlor es seinen Status als kurfürstliche Residenz. Schon im Jahr 1818 wurde das Gebäude vom preußischen König an die Friedrich-Wilhelms-Universität übergeben, die im selben Jahr gegründet wurde und das Schloss bis heute noch nutzt. Berühmte Absolventen der Universität sind zum Beispiel Heinrich Heine, Konrad Adenauer und der ehemalige Papst Benedikt XVI.

Nach Nordosten zweigt ein Barockflügel vom Schloss ab, in den das sogenannte Koblenzer Tor eingefügt wurde. Es hebt sich durch seine goldenen Verzierungen deutlich vom Rest des Schlosses ab und hat seinen Namen von der Straße, die durch das Tor nach Koblenz verläuft – heute Teil der Bundesstraße 9. Früher war es auch als Michaelstor bekannt. Eine golden leuchtende Figur des Erzengels Michael wacht noch heute oberhalb des Tores. In den Räumlichkeiten am Koblenzer Tor ist heute das Ägyptische Museum untergebracht.

Eine weitere Ausstellung innerhalb des Schlosses wird vom Mineralogischen Museum gezeigt. In einer Dauerausstellung werden die Themengebiete Minerale, Gesteine und Meteorite, Erze und Edelsteine präsentiert.

Besonders beliebt ist natürlich auch der Hofgarten an der Südostseite des Schlosses, der gerne zum Verweilen und Sonnenbaden genutzt wird. Bei einem Spaziergang durch den Hofgarten gelangt man schließlich auch noch zum Akademischen Kunstmuseum und zum Arithmeum.

TOUR
18

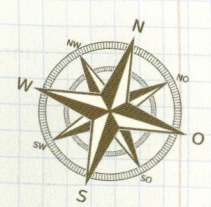

ZU DEN GIPFELN DES SIEBENGEBIRGES

Länge: 25,7 km

Wanderzeit: 7 Stunden

Schwierigkeit: schwer

Höhenmeter: 1338 m

Start/Ziel: Kloster Heisterbach, L 268, Königswinter
(GPS 50.696461, 7.211707)

Parkplätze: Kloster Heisterbach an der L 268

ÖPNV: Bushaltestelle Königswinter, Oberdollendorf,
Heisterbach Kloster

Verpflegung: Klosterstube Heisterbach, Milchhäuschen

Jahreszeit: Sommer

Rundweg

Ausrüstung: festes Schuhwerk, Fernglas, Wanderstöcke

Die Tour für Gipfelstürmer

Warum in die Alpen fahren, wenn man auch vor der eigenen Haustür zahlreiche Höhenmeter auf einer einzigen Wanderung absolvieren kann?

Auf dieser Tour lernen wir die „Seven Summits" des rheinischen Siebengebirges kennen. Der Begriff bezeichnet normalerweise die jeweils höchsten Berge aller Kontinente, doch wer hat schon Zeit für Mount Everest und Co? Immerhin sind wir auf dieser Tour schon einen ganzen Tag unterwegs, um ab dem ehemaligen Kloster Heisterbach die sieben höchsten Berge des bekannten Gebirges bei Königswinter zu erklimmen und zu umrunden. Der höchste von ihnen ist der Große Ölberg mit 460 Metern, gefolgt von der Löwenburg, dem Lohrberg, dem Nonnenstromberg, dem Petersberg, der Wolkenburg und natürlich dem legendären Drachenfels. Und weil es so schön ist, besuchen wir auch noch die Rosenau und den Großen Breiberg. Belohnt werden wir nach den einzelnen Aufstiegen mit faszinierenden Fernblicken und zahlreichen Einkehrmöglichkeiten. Wir können nicht alle in Anspruch nehmen, denn sonst gewinnen wir während der Seven-Summit-Tour nicht nur an Höhe, sondern auch überschüssige Kalorien. Nun viel Spaß beim Gipfelstürmen im Siebengebirge!

ZU DEN GIPFELN DES SIEBENGEBIRGES

Bevor wir zu unserer großen Siebengebirgsrunde aufbrechen, betreten wir zunächst das Gelände der ehemaligen **Abtei Heisterbach,** die von den Zisterziensermönchen Ende des 12. Jahrhunderts erschaffen wurde.

KLOSTERSTUBE HEISTERBACH

Heisterbacher Straße
53639 Königswinter
Tel. (0 22 23) 70 21 75
www.klosterstube-heisterbach.de

Sie bewohnten das Kloster bis zur Säkularisation: Danach wurde es zum Abbruch verkauft und dessen Steine anderweitig verwendet. Bis heute übrig geblieben ist die Ruine des Chors der **Klosterkirche,** die wie ein einzelner Zahn aus der Umgebung ragt. Nach der Besichtigung des ehemaligen Klostergeländes und der obligatorischen Stärkung für die Wanderung in der KLOSTERSTUBE zieht es uns auf den Wanderweg in Richtung Berge des Siebengebirges und zu weiteren Ruinen.

Am Ende des Parkplatzes wenden wir uns hinter der Mauer nach links und halten uns an der ersten Gabelung halb links, um parallel zum Kloster Heisterbach in den Wald hinein zu gehen, links das Klosterareal, rechts der Heisterbach. Wir folgen dem Waldweg in einem weiten Linksbogen bis zu einer Kreuzung, an der wir auf den Rheinhöhenweg treffen und diesem in Richtung Süden nach rechts folgen.

PETERSBERG

Auf dem Petersberg waren bereits zahlreiche internationale Spitzenpolitiker zu Gast. Der erste von ihnen war der britische Premierminister Neville Chamberlain. Es folgten Konrad Adenauer, Leonid Breschnew und Bill Clinton. Letzterer drehte während seines Aufenthalts seine morgendliche Joggingrunde rund um den Petersberg, was man ihm mittlerweile auf dem Bill-Clinton-Joggingpfad gleichtun kann.

Auf einem schmalen und leicht ansteigenden **Pfad** überqueren wir eine weitere Kreuzung und gehen bis zu einer Informationstafel, an der wir uns rechts halten und dem Weg in Richtung Petersberg folgen. Durch mehrere **Serpentinen** verläuft unsere Wanderung nun deutlich auf dem **Rheinsteig** bergauf, bis wir schließlich das Gelände vom PETERSBERG erreichen, dem ersten unserer sieben Berge.

Er bietet von den Rheinterrassen einen wunderbaren **Ausblick auf das Rheintal.** Für die weitere Wanderung verlassen wir das umzäunte Gelände auf demselben Weg wieder durch die Serpentinen bis zu dem Abzweig, wo sich Rheinsteig und Rheinhöhenweg treffen. Hier gehen wir nun geradeaus durch den

Wald, an einer **Schutzhütte** vorbei und erreichen nach kurzer Zeit auf der **Nonnenstrombergstraße** eine Kreuzung, an der sich in idyllischer Lage das Einkehrhaus Waidmannsruh befindet. Mit dem **Nonnenstromberg** erreichen wir übrigens den zweiten der sieben Berge, der mit seiner Höhe von 335 Metern der vierthöchste Berg im Naturpark ist.

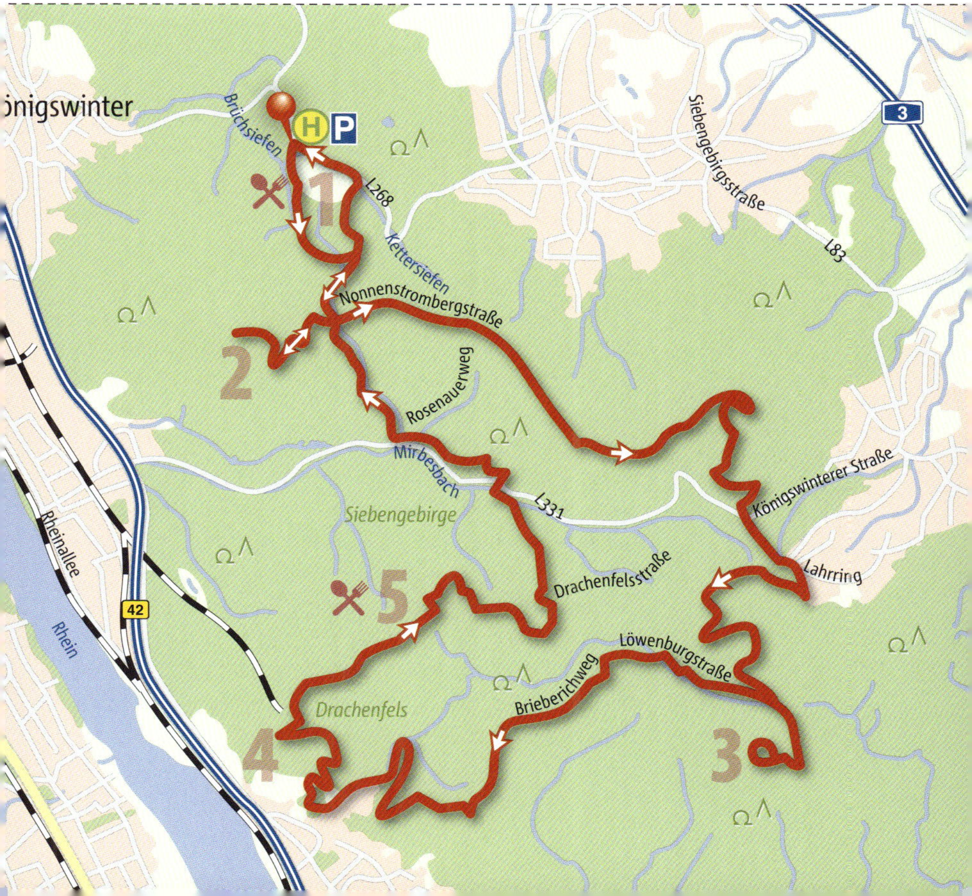

Vor dem Einkehrhäuschen halten wir uns rechts und folgen dem Wanderweg weiter durch den Wald und erreichen eine **Gabelung,** an der wir halb rechts zur **Burg Rosenau** hinaufgehen. Die Ruine der einstigen Höhenburg befindet sich auf dem gleichnamigen Berg. Erhalten ist die Ringmauer, die immerhin noch etwa bis zu sechs Meter in die Höhe ragt. Nach einem kur-

zen Besuch gehen wir an der Gabelung vor der Burg Rosenau halb links weiter auf dem Wanderweg, der uns wieder auf den Rheinhöhenweg bringt. Diesem folgen wir an der Schutzhütte Lotterhütte vorbei bis zu einer weiteren Kreuzung an der Westflanke des **Großen Oelbergs** – mit 460 Metern der höchste Berg im Siebengebirge. Hier haben wir mehrere Möglichkeiten, den Gipfel zu erreichen. Der direkte Weg ist der steile Aufstieg über den Rheinhöhenweg, der uns gleich bis zum Gasthaus auf dem Oelberg (s. S. 174) geleitet.

Von Berg zu Berg

Nach einem ausgiebigen Rundgang auf dem Gipfel des Berges und einer Einkehr folgen wir weiterhin dem **Rheinhöhenweg** und wandern in südliche Richtung bergab, bis wir zu einem Parkplatz stoßen, wo sich mit dem **Restaurant Margarethenkreuz** ein Biergarten als weitere Pausenmöglichkeit anbietet.

Anschließend überqueren wir die **Königswinterer Straße** und folgen ein kurzes Stück der **Löwenburger Straße.** Wir könnten ihr sogar bis zu unserem nächsten Etappenziel folgen, doch schöner ist es natürlich, durch den Wald zu wandern. Daher biegen wir nach kurzer Zeit rechts auf den **Lohrbergrundweg** ab und umrunden den dritthöchsten Gipfel des Siebengebirges mit seinen 432 Metern. Wir umrunden den Gipfel in einem weiten Linksbogen und passieren dabei die Dr.-Wilhelm-Spiritus-Schutzhütte, die nach einem ehemaligen Oberbürgermeister von Bonn benannt wurde. Auf dem kurvigen Weg wandern wir weiter bis zu einer T-Kreuzung, an der wir links abbiegend wieder zur **Löwenburger Straße** gelangen. Nun sind es nach rechts nur noch wenige Meter bis zum **Löwenburger Hof,** einem Fachwerkbau, in dem abermals die Möglichkeit besteht, den Durst während der Wanderung zu stillen.

Gleich hinter dem Löwenburger Hof folgt ein **Rundwanderweg,** der auf den nächsten Gipfel führt. Der

LÖWENBURG

Mit 455 Metern ist der Berg Löwenburg nur fünf Meter kleiner als der Große Ölberg und damit der zweitgrößte Berg des Siebengebirges. Vom Gipfel aus hat man den sogenannten Drei-Seen-Blick. Der Rhein ist von hieraus nicht als Fluss erkennbar, sondern präsentiert sich als drei einzelne Seen. Die einstige Burg, an die heute nur noch eine Ruine erinnert, entstand im 13. Jahrhundert.

Berg ist dem Namen nach eine Sie und heißt **LÖWEN-BURG**, genau wie die Ruine, die auf dem Gipfel zu einem Besuch einlädt.

Nach einem tollen Ausblick von der Löwenburg gehen wir wieder hinab zum Löwenburger Hof und orientieren uns an der Beschilderung des Rheinsteigs auf einem idyllischen **Gratwanderweg,** der uns zu den Breibergen bringt. Zunächst erreichen wir den **Kleinen Breiberg** mit einer Höhe von 288 Metern, bis es kurz darauf an der **Breiberg-Hütte** wieder leicht bergauf zum **Großen Breiberg** geht, der es auf immerhin 313 Meter bringt.

Vom Großen Breiberg geht es auf dem Rheinsteig steil bergab und wir erreichen das **Rhöndorfer Tal.** Dort sehen wir den Eingang zum **Waldfriedhof,** wo **Konrad Adenauer,** ehemaliger Kölner Oberbürgermeister und erster Bundeskanzler Deutschlands, seine letzte Ruhe fand. Er wurde hier im Jahr 1967 im Rahmen eines Staatsbegräbnisses bestattet.

Vor dem Friedhof wenden wir uns nach links zur **Löwenburgstraße,** verlassen diese aber schon nach wenigen Metern nach rechts und bleiben weiterhin dem Rheinsteig treu. Auf diesem verläuft unsere Wanderung nun kurvig und deutlich bergauf, bis wir die **Drachenfelsstraße** erreichen. Nun müssen wir nur noch wenige Meter nach links gehen, um zur dortigen **Aussichtsplattform** zu gelangen. Auch die letzten Höhenmeter hinauf zur **BURGRUINE DRACHENFELS** lassen wir uns natürlich nicht nehmen und genießen von dort die fantastische Aussicht auf das Rheintal.

Weite Rheinblicke

In Richtung Süden blicken wir nach Rheinland-Pfalz und sehen deutlich die schmale **Insel Nonnenwerth,** während wir in Richtung Nordwest auf Bonn mit dem weithin sichtbaren Post Tower blicken. Bei sehr schöner Wetterlage und mit einem Fernglas oder Teleobjektiv ausgestattet, können wir in Richtung Nor-

BURGRUINE DRACHENFELS
Der Drachenfels ist nicht nur irgendein Berg, sondern der Inbegriff der Rheinromantik. Der markante Berg am Rheinufer entstand durch aufsteigendes Magma, das nicht als Vulkan austrat, sondern unter der Erdoberfläche erstarrte. Die Burg entstand Mitte des 12. Jahrhunderts. Ihre letzten Zerstörungen gehen auf den Dreißigjährigen Krieg zurück. Ihre Ruine ist noch heute ein beliebtes Ausflugsziel.

den auch die markanten Türme des Kölner Doms ausmachen, der sich immerhin fast 25 Kilometer Luftlinie entfernt befindet. Deutlich näher, nämlich unterhalb des wohl berühmtesten Berges im Siebengebirge, erhebt sich stolz das **Schloss Drachenburg** und zeigt sich uns von seiner schönsten Seite.

Wir verlassen die Burgruine, gehen wieder hinab zur Aussichtsplattform und könnten rechts auf dem **Eselweg** das Schloss sowie das Zentrum von Königswinter erreichen. Wir wollen aber noch den letzten der sieben großen Gipfel erreichen und wandern daher auf der **Drachenfelsstraße** ein kurzes Stück bergab, überqueren die Gleise der **Zahnradbahn** und folgen der Ausschilderung zur **Wolkenburg.** Dieser 324 Meter hohe Berg beherbergte einstmals ebenfalls eine Burg. Nach Überquerung wandern wir geradeaus bis zum MILCHHÄUSCHEN, ein malerisch gelegener Biergarten, der uns zu einer weiteren Rast einlädt.

Wir folgen weiter dem Rheinsteig, passieren die **Dr.-Eduard-von-Gartzen-Hütte** sowie die **Lietzschen-Schutzhütte** und überqueren dabei zugleich den **Schallenberg** und den **Geisberg.** Mit dem Fernwanderweg geht es weiter hinab bis zur **Brückenhütte,** wo wir die **Landstraße** überqueren und mit der Ausschilderung den bereits bekannten Abzweig am **Petersberg** erreichen. Hier wechseln wir auf den **Rheinhöhenweg,** der uns abschließend wieder zum **Kloster Heisterbach** bringt. ■

MILCHHÄUSCHEN

Elsiger Feld 1
53639 Königswinter
Tel. (0 22 23) 90 90 00
www.milchhaeuschen.de

GASTHAUS AUF DEM OELBERG
Oelbergringweg 100
53639 Königswinter
Tel. (0 22 23) 2 19 19
www.gasthaus-oelberg.de

Der höchste Berg im Siebengebirge ist mit 460 Metern der Große Oelberg. Schon allein der atemberaubende Fernblick lohnt den Aufstieg: Bei schönem Wetter blickt man Richtung Süden bis in den Taunus und nach Norden bis zum Kölner Dom. Besonders genießen lässt sich das Panorama von der Sonnen-Terrasse des Gasthauses auf dem Oelberg. Sie ist das unangefochtene Highlight und beliebtester Sitzplatz. Wer zwar den Weitblick, aber auch ein Dach über dem Kopf haben möchte, der speist im Ausblickrestaurant. Und wer es gemütlicher mag, kehrt in der Jägerstube, der Weinstube oder im Kaminzimmer ein.

Bereits 1834 eröffnete das erste Restaurant in dieser 1-a-Lage auf dem Oelberg. Ob König Friedrich Wilhelm IV. von Preußen bei seinem „Gipfel-Besuch" 1842 hier einkehrte oder was er gar speiste, ist leider nicht überliefert. Heute wird hier hochwertige, regionale Küche geboten. Exquisite Gerichte wie Fasanenconsommé, Rehpastete und Kalbsbäckchen stehen auf der Speisenkarte. Der wilde Geschmack kommt dabei nicht von ungefähr: Die Wildspezialitäten kommen aus der hiesigen Jagd und werden nach altem Familienrezept ganzjährig angeboten. Eine Seltenheit – nicht nur im Siebengebirge!

Eine weitere Besonderheit ist die eigene Backstube, in der die zahlreichen Torten und Kuchen gefertigt werden.

Auch für die vielen Wanderer im Siebengebirge ist das Gasthaus auf dem Oelberg beliebter Treffpunkt – ob vor Tourbeginn zum deftigen Bauernfrühstück oder nach getaner Arbeit zur Vesperplatte. Und ein bisschen „wandern" muss hier jeder Gast. Denn der Gipfel steht unter Naturschutz und ist nur auf Schusters Rappen zu erreichen. Vielleicht ein weiterer Grund für die besondere Atmosphäre auf dem Oelberg …

Vor allem in den Abendstunden gibt es kaum einen romantischeren Ort als die Aussichtsterrasse, um einen guten Schoppen Wein zu genießen und entspannt der Sonne beim Untergehen zuzusehen.

WANDERN RUND UM DAS ANNABERGER FELD

Länge: 22,7 km

Wanderzeit: 6,5 Stunden

Schwierigkeit: schwer

Höhenmeter: 495 m

Start/Ziel: An der Waldau 50, 53127 Bonn (GPS 50.690639, 7.094768)

Parkplätze: An der Waldau, 53127 Bonn

ÖPNV: Bushaltestelle Bonn, Venusberg Waldau

Verpflegung: Gasthaus Bonngarten

Jahreszeit: Sommer

Rundweg

Ausrüstung: Vogelbestimmungsbuch

Die typische Tour

Eine Wanderung im Rheinland als typisch zu bezeichnen, zieht die Frage nach sich: Was ist denn typisch für das Rheinland?

Die weiten Felder zwischen Düsseldorf und Neuss oder die bewaldeten Hügel des Siebengebirges? Diese Wanderung bildet einen schönen Querschnitt der verschiedenen Landschaften. Wir wandern durch den Kottenforst und die Waldau und lernen im Haus der Natur einiges über die Flora und Fauna des Waldes. Wir lassen unsere Blicke aber auch über die weiten Felder und die Pferdekoppeln des Annaberger Hofs schweifen und befassen uns mit dem Thema Wasser, wenn wir an Bächen und Weihern vorbeiwandern. Am Klüfterbach entlang kommen wir durch ein schönes Tal und unsere Wadenmuskulatur wird spürbar beansprucht, denn das typisch Flache des Rheinlandes haben wir vorerst hinter uns gelassen. Wenn wir aufmerksame Beobachter sind, werden wir bereits im Kottenforst zahlreichen Vögeln, aber auch anderen Tieren begegnen. Zum Abschluss können wir noch das Wildgehege, das zum Haus der Natur gehört, besichtigen. So erleben wir auf dieser Wanderung ein wenig Rheinland in Miniatur. Typischer geht es kaum!

WANDERN RUND UM DAS ANNABERGER FELD

HAUS DER NATUR
1986 eröffnete das Naturkunde-
museum seine Pforten. In einer
Dauerausstellung wird die hei-
mische Tier- und Pflanzenwelt
erläutert, darüber hinaus befassen sich Wechselausstellungen
mit dem Thema Umweltschutz.
Die Angebote richten sich zwar
auch an Erwachsene, werden
jedoch kindgerecht vermittelt.
So gehört auch ein großer Kinderspielplatz zum Gelände, ein
Bauerngarten, ein Insektenhotel
und natürlich das Wildgehege.

KATZENLOCHBACHTAL
Vogelbeobachtung im Katzenlochbachtal ist ohne Mühen
möglich. Mit etwas Glück und
Geduld kann man hier neben
Pirol und Nachtigall auch den
farbenfrohen Eisvogel entdecken. Als Greifvogel hat sich der
Rotmilan angesiedelt. Neben einer artenreichen Vogelwelt gibt
es in dem geschützten Gebiet
aber auch Dachse, Iltisse und
Steinmarder. Betreut wird das
Offenlandbiotop von der Biologischen Station Bonn.

Mit einem Besuch im **HAUS DER NATUR** steigen wir direkt in unsere Wanderung ein, die uns durch die **Waldau** zu mehreren interessanten Orten bringen wird.

Zunächst gehen wir hinter dem Haus der Natur am **Klangbaum** und dem **Bauerngarten** vorbei in den Wald hinein und kommen zum Weg der Artenvielfalt, an dem wir mehrere Informationstafeln vorfinden.

Dabei passieren wir zum Beispiel einen **Laubtunnel** und können zum sogenannten zweibeinigen Baum abbiegen. Am Ende des Weges lichtet sich der Wald schließlich und von einem Aussichtspunkt können wir den Blick über das **Annaberger Feld** schweifen las- sen. Dieses ist von mehreren Baumreihen begrenzt, eine davon bildet die Allee, die zum **Annaberger Hof** führt, wo Sportpferde gezüchtet werden.

Wir wenden uns vor dem Feld nach rechts und ge- hen wieder durch den Wald bis zu einer Kreuzung, an der wir halbrechts dem **Annaberger Weg** bis zum **Gudenauer Weg** folgen. Hier halten wir uns vor der Kinder-, Jugend- und Familienhilfe Maria im Walde links.

Kurz darauf folgt eine **Schutzhütte**, hinter der wir wiederum nach rechts abbiegen und ein kleines Stück bergab wandern bis zum **KATZENLOCHBACH,** der hier mit seinem Tal ein schönes Biotop bildet.

Vor der Brücke biegen wir links ab und folgen dem Bachlauf am Waldrand entlang. An einer weiteren Kreuzung mündet der aus dem Kottenforst kom- mende **Villiper Bach** in den Katzenlochbach und wir haben die Möglichkeit, rechts abzubiegen, um den nahe gelegenen Tongrubensee zu umrunden. Ur- sprünglich wurde dort Ton abgebaut. Heute ist das Förderloch mit Wasser gefüllt und bildet ein belieb- tes Naherholungsziel. Wir wenden uns jedoch nach links und folgen dem Villiper Bach am **Kurfürstenwei- her** vorbei bis zum Hirschweiher. Der **Hirschweiher** ist

unser Zeichen, nach links abzubiegen, den Villiper Bach zu überqueren und auf der Venner Allee, die später in die Schmale Allee übergeht, weiter geradeaus durch den Wald zu wandern. Nach etwas über 1300 Metern auf dem völlig geraden Waldweg treffen wir auf eine Kreuzung, an der halb rechts die **Bellerbuschallee** abzweigt. Auf diesem ebenfalls geraden Weg gehen wir bis zur Kreuzung mit dem **Professorenweg,** an der wir uns nach links wenden.

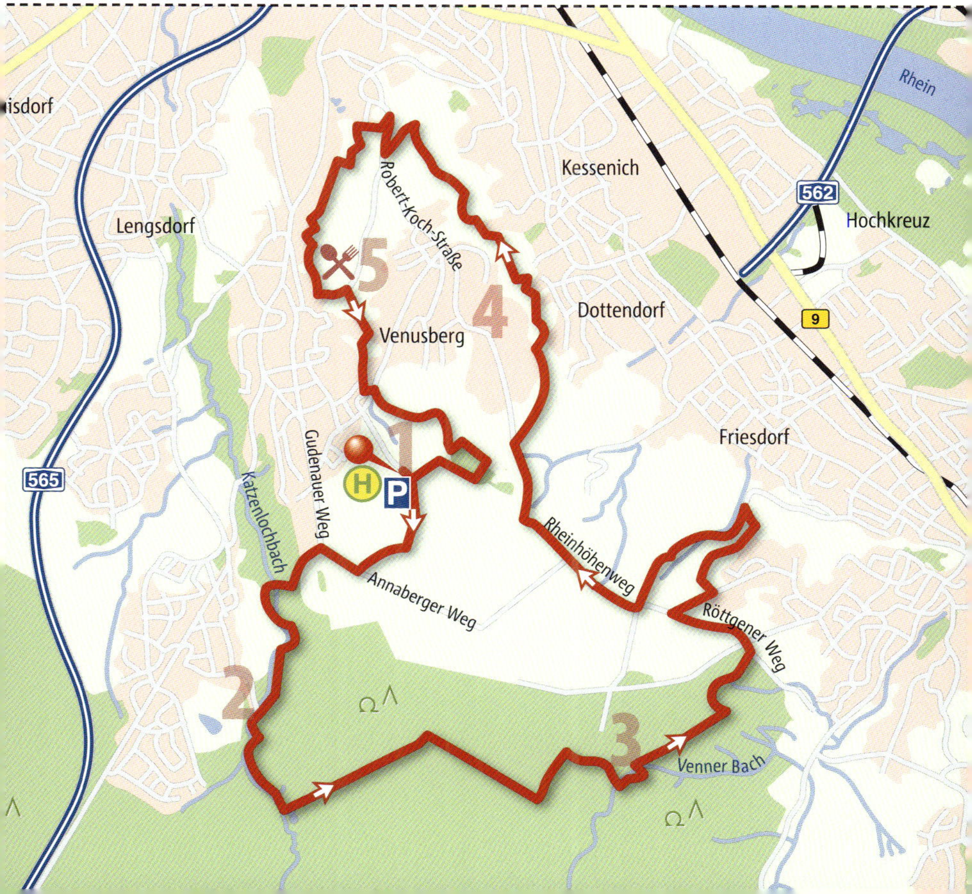

Nach kurzer Zeit erscheint ein Abzweig nach rechts, dem wir in der Nähe des Venner Bachs folgen, bis an einem weiteren Abzweig ein Schild auf das Bodendenkmal des VENNER RINGWALLS hinweist. Hier gehen

wir hinein und schauen uns auf einem kleinen Rundweg kurz um. Die archäologische Bedeutung ist natürlich nicht unerheblich, doch als Laie muss man schon genauer hinschauen, um Hinweise auf die alte Fliehburg zu erkennen. Sie war nicht besonders groß, wurde jedoch von einem bis zu sieben Meter breiten Graben sowie einer Palisade umschlossen.

Wir gehen nach dem kleinen Rundgang zurück zum Venner Bach, überqueren diesen erneut und biegen nach rechts ab, wo wir wenig später die Schutzhütte am Venner Ringwall erreichen. Hier gehen wir geradeaus auf dem **Marienforster Kirchweg** weiter und passieren bald schon eine weitere **Schutzhütte** auf einer kleinen Lichtung. Gleich dahinter wenden wir uns nach links und erreichen das **Hermann-Löns-Denkmal,** an dem wir rechts vorbeigehen und nach kurzer Zeit eine **T-Kreuzung** erreichen. Hier biegen wir links ab, gehen bis zur Venner Straße, wenden uns nach rechts und lassen den dortigen Parkplatz rechts neben uns. Wir wandern links auf dem **Röttgener Weg** weiter durch den Wald. Nach einer Linkskurve gelangen wir zu einer Kreuzung mit dem **Schmalen Alleechen,** dem wir nach rechts folgen. Wir erreichen den Wendehammer der **Waldstraße** und sehen halb rechts das Evangelische Waldkrankenhaus von Bad Godesberg. Hier verlassen wir den Wald jedoch noch nicht, sondern gehen gleich links an der Schranke wieder in den Wald. Nach etwa 150 Metern biegen wir rechts ab und wandern auf einem gemütlichen Weg, bis wir auf der linken Seite einen Serpentinenpfad erkennen, auf dem wir in das **Klufterbachtal** hinabwandern.

Auf dem Rheinhöhenweg

Im idyllischen Klufterbachtal überqueren wir den namensgebenden Wasserlauf und wandern nun wieder leicht bergauf den Rheinhöhenweg entlang, der uns zu einer Schutzhütte am **Röttgener Weg** führt.

Nach diesem Aufstieg haben wir uns natürlich eine kleine Rast verdient.

An der **Schutzhütte** biegen wir rechts ab, wandern auf einem schnurgeraden Weg und können zu unserer Linken bald die auf den Koppeln weidenden Pferde des **Annaberger Hofes** erblicken. Wir wandern weiter geradeaus. Der Hauptweg verläuft am Ende des Annaberger Feldes plötzlich kurvenreich durch den Wald, an einer weiteren Schutzhütte vorbei bis zum rechts abzweigenden **Gieveningsweg.** Diesem folgen wir bis zu einer Gabelung, an der wir halb links abbiegen und den kurvigen Pfad bis zum VENUSBERG weitergehen.

Der Name des Hochplateaus hat nichts mit unserem Nachbarplaneten zu tun, sondern leitet sich vom Venn ab, also dem ehemaligen Hochmoorgebiet. Gleichzeitig ist Venusberg auch der Name des Bonner Stadtteils, der für die zahlreichen Einrichtungen des **Universitätsklinikums** bekannt ist. Wir gehen weiter geradeaus, bis wir zum **Kaiser-Wilhelm-Denkmal** gelangen, das aus Basaltsteinsäulen pyramidenförmig errichtet wurde. Wir halten uns rechts und gleich dahinter links. Würden wir geradeaus gehen, könnten wir kurz hinter der nächsten **Schutzhütte** ein weiteres Denkmal besuchen, das an einen alten **Meridianpunkt** erinnert.

An der nächsten **T-Kreuzung** biegen wir rechts ab und wandern hinab zur Robert-Koch-Straße, an der wir kurz rechts gehen und schon an der ersten Gelegenheit links in den **Nachtigallenweg** einbiegen. Auf diesem gelangen wir zum **Botanischen Garten.** Rechts am Tor befindet sich ein schmaler Pfad, der uns in das Engelsbachtal bringt. Der **Engelsbach** wird auch Melbbach und Poppelsdorfer Bach genannt. Er ist rund sechs Kilometer lang und bahnt sich seinen Weg von der Waldau, wo er ganz in der Nähe des Hauses der Natur entspringt, bis zu seiner Mündung an der Museumsmeile in Bonn. Dort fließt er direkt in den Rhein.

VENUSBERG

100 Meter beträgt der Höhenunterschied zwischen Bonn und dem Venusberg, der immerhin 176 Meter über dem Meeresspiegel liegt. Sowohl auf dem Berg als auch im gleichnamigen Stadtviertel gibt es einige Baudenkmäler, wie beispielsweise den Rundbau der Auferstehungskirche oder die Villa im Kiefernweg 12, die einst unter anderem von Bundeskanzler Willy Brandt als Dienstvilla genutzt wurde.

Wir biegen links ab und folgen dem Weg durch das malerische Tal hindurch. Etwas später passieren wir die **Sportanlagen der Universitätskliniken** und biegen auf dem Bodelschwinghweg rechts in Richtung Jugendherberge ab. Zu unserer Linken haben wir aber kurz vor Abschluss des Wandertages die Möglichkeit, im gemütlichen GASTHAUS BONNGARTEN einzukehren.

Zurück auf dem Weg wenden wir uns vor der **Jugend-herberge** nach rechts, gehen über eine Brücke und folgen dem Engelsbach ein Stück auf der anderen Uferseite. Wir überqueren ihn ein weiteres Mal, genauso wie den folgenden **Haager Weg** und wandern darauf wieder in den Kottenforst. An einer Gabelung halten wir uns halb links, bis wir zu einer Schutzhütte gelangen, gehen geradeaus und biegen nach wenigen Augenblicken abermals rechts ab. Unser kurviger Waldweg führt uns zur **Dottendorfer Allee,** wo sich vor uns das eingangs erwähnte **Wildgehege** befindet, in dem es Rotwild, Damwild und Wildschweine zu beobachten gibt. Bevor wir in wenigen Schritten zum Haus der Natur zurückgehen, können wir links abbiegen und die Gehege gemütlich umrunden oder sogar an einer Führung teilnehmen. ■

GASTHAUS BONNGARTEN

Nachtigallenweg 90
53127 Bonn
Tel. (01 52) 28 94 05 37
www.bonngarten.de

ENTLANG DER SWIST AM KOTTENFORST

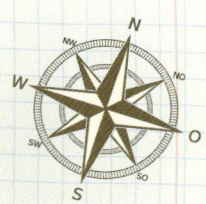

Länge: 20,9 km

Wanderzeit: 5,5 Stunden

Schwierigkeit: mittel

Höhenmeter: 201 m

Start/Ziel: Bahnhof Kottenforst 8, 53340 Meckenheim
(GPS 50.662485, 7.022310)

Parkplätze: Bahnhof Kottenforst 8, 53340 Meckenheim

ÖPNV: S-Bahnhaltestelle Meckenheim Kottenforst

Verpflegung: Waldgaststätte Kottenforst,
Restaurant Burg Münchhausen, Biergarten Waldesruh

Jahreszeit: Sommer

Rundweg

Die Frühaufstehertour

Für die Wanderung im südlichen Teil des Kottenforstes bietet es sich an, am Wochenende auch mal etwas früher aufzustehen.

So kann man am frühen Morgen die Wanderwege noch weitestgehend alleine genießen und gegen Mittag in eines der Ausflugslokale am Wegesrand einkehren. Auf der Tour passiert man die Wasserburg Lüftelberg und durchquert entlang des Swistbaches die kleine Stadt Meckenheim. Wenn man dann in den frühen Morgenstunden durch die gerade erwachenden Wohnviertel geht, haben wir als Frühaufsteher schon einen großen Teil unserer Rundwanderung hinter uns. Hinter der Burg Münchhausen begeben wir uns wieder in den Kottenforst hinein, genau pünktlich, denn die Sonne wird bald ihren höchsten Stand erreichen und wir können uns unter dem Blattwerk der Bäume vor den kräftigen Sonnenstrahlen schützen. Als dritte Festung im Bunde zeigt sich Burg Adenau mit einem sehenswerten barocken Garten, bevor wir zum Abschluss der Tour den Kottenforst in voller Länge durchqueren und zwischen Forsthaus und Jägerhäuschen auf historischen Pfaden wandeln. Passend zur frühen Mittagszeit kehren wir schließlich am Bahnhof Kottenforst ein und belohnen uns für das frühe Aufstehen und die abgeschlossene Tour, während andere Wanderer gerade erst ihre Schuhe binden und losziehen.

ENTLANG DER SWIST AM KOTTENFORST

**WALDGASTSTÄTTE
KOTTENFORST**

Bahnhof Kottenforst 8
53340 Meckenheim
Tel. (0 22 25) 73 22
www.kottenforst-bahnhof.de

Die **WALDGASTSTÄTTE KOTTENFORST** begrüßt uns mit etwas Glück mit duftenden Aromen aus der Küche des sehenswerten Fachwerkhauses am Bahnhof Kottenforst.

Wir widerstehen den verlockenden Gerüchen genauso wie den vor uns liegenden Wegen, die weiter in den Kottenforst hineinführen und bewahren uns beides für später auf. An der Straße Bahnhof Kottenforst halten wir uns links und folgen ihr für etwas weniger als 600 Meter, bis der Wald zu unserer Linken endet und Feldern und Weiden Platz macht. Wir biegen links ab und folgen dem schmalen Pfad am Waldrand entlang. Rund einen Kilometer genießen wir die Wanderung zwischen Feldern und einigen Baumreihen, bevor wir einmal scharf nach links und kurz darauf scharf nach rechts abbiegen, um zu einer kleinen **Landstraße** zu gelangen. Auf der gegenüberliegenden Straßenseite erkennen wir bereits die Häuser des kleinen Ortes **Lüftelberg,** der zu Meckenheim gehört.

Wir wenden uns nach rechts, begeben uns zur Ampelkreuzung und überqueren an dieser die Landstraße nach links. Auf der **Kottenforststraße** wandern wir durch eine gepflegte Wohnsiedlung, blicken links auf eine kleine **Kapelle** am Wegesrand und gehen am **Friedhof** vorbei bis zu dem im Jahr 2014 eingeweihten **Denkmal,** das an Johann Adam Schall von Bell erinnert. Es wird vermutet, dass der Jesuit im ausgehenden 16. Jahrhundert in Lüftelberg geboren wurde. Als Missionar ging er nach China, wo er in der Ming-Dynastie als Mandarin am chinesischen Kaiserhof tätig war.

Am Denkmal gehen wir weiter geradeaus in die **Flerzheimer Straße** und biegen an der T-Kreuzung nach links in die Schloßstraße ein, die uns nach wenigen Augenblicken zur **BURG LÜFTELBERG** bringt.

Nach kurzer Besichtigung der Wasserburg folgen wir der **Schloßstraße** weiter bis zu ihrem Ende und

BURG LÜFTELBERG
Die Burg Lüftelberg wurde bereits Mitte des 13. Jahrhunderts zum ersten Mal schriftlich erwähnt, doch ihr heutiges Aussehen erhielt sie erst bedeutend später. Im 15. Jahrhundert nahm man umfangreiche Umbaumaßnahmen vor, bei denen die Burg ihre Rundtürme und den Wassergraben erhielt. Heute präsentiert sie sich überwiegend im barocken Stil.

wenden uns an einer **T-Kreuzung** rechts in die **Petrus-straße,** die nach der dortigen **St. Petruskirche** benannt ist.

An der **Südstraße** wenden wir uns nach rechts, wandern parallel zu ihr und verlassen sie kurz vor der nächsten Landstraße nach rechts auf einem **schmalen Weg.** Gleich an der ersten Gelegenheit biegen wir jedoch wieder nach links ab und wandern zu einem Gewerbegebiet, mit dem wir uns am Rande von **Meckenheim** befinden.

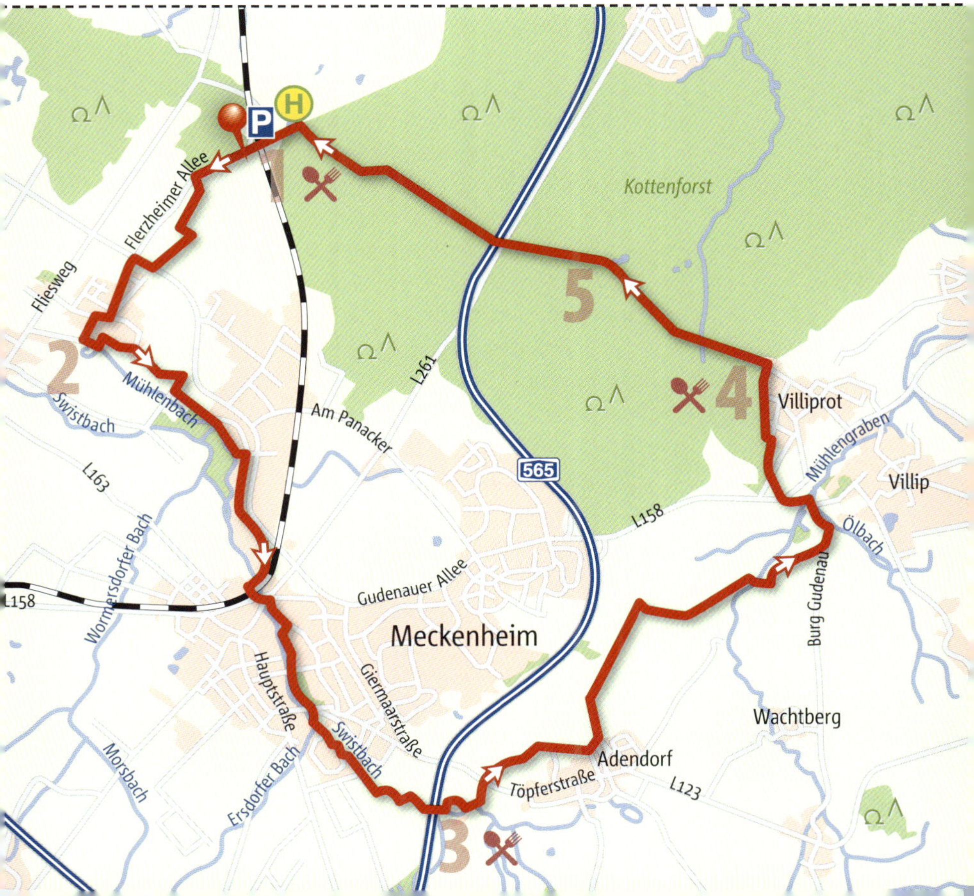

Um in das Zentrum zu gelangen, biegen wir an der **Bergerwiesenstraße** rechts ab, wenden uns an der Straße **Am alten Stauwehr** erneut nach rechts und

überqueren einen Parkplatz, um zur Straße **Am Wiesengrund** zu gelangen. Am Ende dieser Sackgasse wartet neben den dortigen Bahngleisen ein Fußweg auf uns, der uns zur **Swist** bringt, die auch gerne als **Swistbach** bezeichnet wird. Dabei ist die Bezeichnung Bach beinahe schon untertrieben, immerhin bringt es die Swist auf über 43 Kilometer Länge und ist namensgebend für die Ortschaften Weilerswist und Swisttal. Sie entspringt auf rheinland-pfälzischer Seite im Ahrgebirge und mündet bei Bliesheim in die Erft. Wir überqueren die Swift und unterqueren gleich links dahinter die **Eisenbahnunterführung.** Die breite **Bonner Straße** passieren wir anschließend, halten uns links, gleich darauf halb rechts, um über die **Dechant-Kreiten-Straße** rechts in ein Wohnviertel zu gelangen. Wir nähern uns einer Grünanlage und biegen hinter dem letzten Haus mit der Nummer 18 rechts auf einen Spazierweg ab. Auch links der Dechant-Kreiten-Straße breitet sich der Park aus, in dem wir die **Stephanuskapelle** erkennen. Eine Vorgängerkapelle an selber Stelle wurde bereits im späten 14. Jahrhundert erwähnt. Die heutige Kapelle wurde 1924 gebaut. Mit mehreren Namens-Gedenktafeln erinnert die Kapelle an die Gefallenen der beiden Weltkriege und der Kriege im 19. Jahrhundert.

Wir bleiben jedoch auf unserem Weg durch die Grünanlage und wandern gemütlich am Ufer der Swist entlang. Dabei passieren wir die **Merler Straße** und überqueren den Bach auf einer kleinen Brücke an der nächsten Gelegenheit, um ihm auf der anderen Seite weiter zu folgen. Auch die **Johannesstraße** lassen wir hinter uns, kommen zur **Adendorfer Straße,** wechseln die Straßenseite, wo wir vor den Wohnhäusern halb links weitergehen und wenig später die Mündung des **Ersdorfer Baches** in die Swift überqueren. Die folgende Brücke lassen wir links liegen und wandern weiter an der Swist entlang. Die Wohnhäuser zu unserer Rechten weichen wenig später weiten

**RESTAURANT
BURG MÜNCHHAUSEN**

Burg Münchhausen 2
53343 Wachtberg/Adendorf
Tel. (0 22 25) 8 38 46 95
www.restaurant-
burgmuenchhausen.de

BIERGARTEN WALDESRUH
Bei einer Umfrage unter den Le-
sern des General-Anzeigers wurde die Gaststätte Waldesruh zu
den zehn besten Biergärten im
Jahr 2015 gewählt. Die Gründe
dürften vielfältig sein und von
der appetitanregenden Speisekarte über die idyllische Lage bis
hin zum Service reichen. Will-
kommen geheißen werden nicht
nur Radler, Wanderer und Spa-
ziergänger mit Hunden, sondern
auch Reiter mit ihren Pferden.

Dorfstraße 62
53343 Wachtberg-Villiprott
Tel. (02 28) 32 54 88
www.waldesruh.net

Feldern, und unser Weg verläuft parallel und kurvig zum Swistbach entlang. Dabei gelangen wir nach einiger Zeit zur **Autobahn 565,** die mit 27 Kilometern Länge deutlich kürzer als der Bach ist, für die Bonner Bevölkerung aber eine wichtige Verkehrsverbindung ist. Wir wechseln die Uferseite, unterqueren die Autobahn und sehen vor uns die **BURG MÜNCHHAUSEN,** eine Wasserburg, die aus dem 9. Jahrhundert stammt. Heute ist die Burg Standort eines Reiterhofs und eines Restaurants, das uns hier eine stilvolle Einkehrmöglichkeit zur Stärkung für die weitere Wanderung ermöglicht.

Burgen, Bäche, Biergarten

Wenn wir nicht zur Burg abbiegen, dann wenden wir uns auf der Straße Burg Münchhausen nach links und lassen die Swist hinter uns. Während wir auf die Landstraße **Töpferstraße** zugehen, sehen wir rechts in der Ferne Wohnhäuser von Adendorf. Dieser Ortsteil der Gemeinde **Wachtberg** beherbergt mit der Burg ein weiteres historisches Bauwerk. Doch **Burg Adendorf** befindet sich in Privatbesitz und kann nicht besichtigt werden. Daher überqueren wir die **Töpferstraße** und gehen auf der anderen Straßenseite in den Wald hinein. Nach einiger Zeit kommen wir an einem Sportplatz vorbei und gelangen zur **Pfarrer-Dr.-Hoffmann-Straße,** wo wir Adendorf nur kurz streifen und uns gleich nach links wenden, um auf dem **Waldweg** weiter nach Norden zu wandern. Erst an einer Kreuzung nach etwas über einem Kilometer wenden wir uns nach rechts. An der nächsten Kreuzung biegen wir wiederum links ab, um nach weiteren 600 Metern den Wald nach rechts zu verlassen und dabei den **Arzdorfer Bach** zu überqueren. Er entspringt im südlich gelegenen Fritzdorf und mündet nach fast 16 Kilometern bei Godesberg in den Rhein, weshalb er eigentlich **Godesberger Bach** heißt. Nur in seinem Oberlauf wird er als **Arzdorfer Bach** bezeichnet.

Wir halten uns links und biegen an der Straße **Burg Gudenau** ebenfalls links ab, wo wir die gleichnamige Wasserburg aus dem frühen 13. Jahrhundert mit ihren barocken Türmen und der ebenfalls barocken Parklandschaft nach einer kurzen Besichtigung umrunden. Erneut überqueren wir den Arzdorfer Bach, biegen gleich dahinter links ab und erreichen hinter einem Waldabschnitt die **Pecher Straße,** die wir ebenfalls überqueren, um an einem Sportplatz vorbei zur Straße **Beckers Kreuz** zu gelangen. Am dortigen **Wanderparkplatz** folgen wir dem Weg am Waldrand entlang und wandern später zwischen den Häusern der Ortschaft Villiprott und dem Kottenforst bis zum **Forsthaus Schönwaldhaus,** wo gleich daneben der **BIERGARTEN WALDESRUH** zu einer weiteren Wanderrast einlädt. Die Försterei wurde im 18. Jahrhundert gebaut und diente Kutschern als Station, um die Pferde zu wechseln.

Vor dem Forsthaus gehen wir links in den Kottenforst hinein und genießen zum Abschluss der Wanderung die Durchquerung des ruhigen Waldes. An der Kreuzung **Großer Stern** folgen wir dem **Communicationsweg** zum **KURFÜRSTLICHEN JÄGERHAUS**.

Von dort verläuft unsere Wanderung fast nur geradeaus durch den Kottenforst. Wir überqueren die **Meckenheimer Allee,** unterqueren die Autobahn 565 und passieren das kleine Rehsprungmaar, bis wir am Wanderparkplatz an der **Flerzheimer Allee** links abbiegen und wenig später wieder den **Bahnhof Kottenforst** erreichen. ■

KURFÜRSTLICHES JÄGERHÄUSCHEN

Es diente dem Kurfürsten Clemens August von Bayern als Wechselstation für seine Pferde, die bei den von ihm geschätzten Parforce-Jagden eingesetzt wurden und bestand daher nur aus einem kleinen Stall und einem ebenso kleinen Aufenthaltsraum für die Jagdhelfer. Gleich neben dem Jägerhäuschen erhebt sich die Kaisereiche, die von Wilhelm II. gepflanzt wurde, als er noch Prinz war.

IMP
RESS
UM

Bibliografische Informationen der
Deutschen Nationalbibliothek

Die Deutsche Nationalbibliothek verzeichnet
diese Publikation in der Deutschen Nationalbibliografie;
detaillierte bibliografische Daten sind
im Internet über http://dnb.d-nb.de abrufbar.

© 2017 Droste Verlag GmbH, Düsseldorf
Konzeption/Satz: Droste Verlag, Düsseldorf
Karten: Sameena Jehanzeb, Bonn
Einbandgestaltung: Jutta Schneider, Frankfurt
unter Verwendung von Bildern von:
© Fotolia: mbridger68; StockPhotoPro
© shutterstock: Eric Isselee

Fotos: Michael Moll,
außer: Beethoven-Haus, Bonn: S. 135; Thilo Beu,
Bonn: S. 153; Brauerei Zur Malzmühle, Köln: S. 115;
Fotolia: S. 7 © stockpics, S. 17 © Ian Schonfield,
S. 35 © lilechka, S. 53 © toshket, S. 89 © Stefan,
S. 107 © HB Naturfotografie, S. 111 © RRF,
S. 167 © crazymedia, S. 185 © denis_333;
Jens Höhner, Köln: S. 43, 61; Landhaus Mönchenwerth,
Meerbusch: S. 15; Neptunbad, Köln: S. 97; Walter Reinhard,
Düsseldorf: S. 39; Michael Rennertz, Meerbusch: S. 33, 79;
shutterstock © Eric Isselee: S. 1

Druck und Bindung:
Werbedruck GmbH Horst Schreckhase, Spangenberg
ISBN 978-3-7700-2004-1

www.drosteverlag.de